浙江省高职院校"十四五"重点立项建设教材

职业生涯规划与就业指导

（特殊院校适用）

邱淑女　尤晓伟　邱晓晖　王艺霖　编著

电子工业出版社

Publishing House of Electronics Industry

北京·BEIJING

内 容 简 介

本教材适用于对特殊院校残疾大学生进行职业生涯规划和就业指导，旨在帮助残疾大学生了解自身和社会，通过职业生涯规划和就业指导实践，提升其职业生涯规划和就业能力。本教材将抽象的理论通俗化，将深刻的道理浅显化，引导残疾大学生全面地了解自身特点，在进行职业规划时理性决策，做到扬长避短，通过一定的程序和步骤去实现自己的职业理想。在教材设计上，增加了有助于残疾大学生实践体验的内容，有别于传统教材，具有鲜明特色。

未经许可，不得以任何方式复制或抄袭本书之部分或全部内容。
版权所有，侵权必究。

图书在版编目（CIP）数据

职业生涯规划与就业指导：特殊院校适用 / 邱淑女等编著. -- 北京：电子工业出版社，2024. 7. -- ISBN 978-7-121-48173-4

Ⅰ. G647.38

中国国家版本馆 CIP 数据核字第 2024YC5434 号

责任编辑：王　花　　文字编辑：杜　皎
印　　刷：三河市良远印务有限公司
装　　订：三河市良远印务有限公司
出版发行：电子工业出版社
　　　　　北京市海淀区万寿路 173 信箱　邮编 100036
开　　本：787×1 092　1/16　印张：10　字数：256 千字
版　　次：2024 年 7 月第 1 版
印　　次：2024 年 7 月第 1 次印刷
定　　价：39.00 元

凡所购买电子工业出版社图书有缺损问题，请向购买书店调换。若书店售缺，请与本社发行部联系，联系及邮购电话：(010) 88254888，88258888。

质量投诉请发邮件至 zlts@phei.com.cn，盗版侵权举报请发邮件至 dbqq@phei.com.cn。

本书咨询联系方式：(010) 88254609，hzh@phei.com.cn。

前　　言

　　拥有一个职业、一份工作，是人们平等进入并融入一个正常的社会生活环境的必要条件。对于残疾大学生来说，在求职择业中遇到困难、挫折和冲突是不可避免的，关键是懂得如何去调适自己的心态，以减轻或消除心理障碍，用健康的心态去求职择业。

　　本教材旨在帮助残疾大学生学会职业生涯规划，设定人生目标，为自己合理定位，树立正确的择业观和就业观，增强提高职业素质和职业能力的自觉性，做好适应社会、融入社会和就业的准备。

　　特殊院校的残疾大学生的社会交往能力相对较弱，对自身就业能力和社会就业形势的认知往往存在不足与偏差，需要对他们开展有针对性的就业指导教学，以帮助其顺利适应社会并实现就业。

　　本教材结合残疾大学生的生理和心理特点，根据教育部《大学生职业发展与就业指导课程教学要求》文件精神，在"十二五"规划教材《残疾生就业创业指导》的基础上编写。教材将抽象的理论通俗化，将深刻的道理浅显化，文字表述追求直白易懂，通过对职业生涯规划进行阐述，引导残疾大学生全面了解自身特点，在职业规划时理性决策，做到扬长避短，通过一定的程序和步骤去实现自己的职业理想。为体现新形态课程的要求，我们在教材的设计上，增加了许多有助于学生自主学习和实践体验的新板块，形成有别于传统教材的鲜明特色。

　　针对残疾大学生就业认知、就业心态、就业心理、职业能力等方面的不足，本教材分为职业生涯规划、自我认知与评估、就业形势分析、就业心理和就业技巧等教学模块，提供了一些适合残疾大学生的职业生涯规划和就业的案例，并且穿插实训、演练环节，增加了许多实践教学内容。

目　　录

第一章　生涯唤醒——点燃梦想

第一节　学业规划 ·· 1
一、什么是学业规划 ·· 1
二、确立学业规划和目标 ·· 2

第二节　职业生涯规划内容 ·· 2
一、生涯、职业生涯与职业生涯规划 ·· 3
二、职业生涯规划的种类 ·· 4
三、职业生涯发展阶段 ·· 5

第三节　职业生涯规划步骤 ·· 6
一、学业规划具体步骤 ·· 7
二、职业生涯规划具体步骤 ·· 8

第二章　自我认知——兴趣导航

第一节　职业兴趣探索 ·· 10
一、兴趣概述 ·· 10
二、职业兴趣培养 ·· 12

第二节　价值观与职业观 ·· 14
一、什么是价值观 ·· 15
二、价值观的激励作用 ·· 15
三、价值观分类 ·· 15
四、职业观 ·· 16

第三章　职业认知——探寻未来

第一节　职业认知 ·· 19
一、什么是职业 ·· 19
二、职业的功能 ·· 20
三、职业的分类 ·· 21
四、职业和社会对人才的需求 ·· 22

第二节　职业环境 ·· 24
一、职业环境分析 ·· 25
二、职业环境分析的主要内容 ·· 25

第三节　职场初探 ·· 28
一、职业咨询指导 ·· 28
二、媒体资源 ·· 28
三、行业参观、社会实践、职业体验与就业实习 ···················· 29
四、职场人士访谈 ·· 30

第四章　职业理想与职业定位

第一节　树立正确的职业理想 ……………………………………………………… 33
一、职业理想 ……………………………………………………………………… 33
二、职业理想的形成 ……………………………………………………………… 34
三、残疾大学生的职业理想定位 ………………………………………………… 34
四、职业理想定位的依据 ………………………………………………………… 35

第二节　职业素养 …………………………………………………………………… 36
一、爱岗敬业是做好本职工作的基本前提 ……………………………………… 36
二、诚实守信是立身做事之本 …………………………………………………… 36
三、办事公道是社会平等的充分体现 …………………………………………… 37
四、服务社会能够体现职业价值 ………………………………………………… 37
五、奉献社会可以实现个人价值 ………………………………………………… 37

第三节　职业能力 …………………………………………………………………… 37
一、职业能力的分类 ……………………………………………………………… 37
二、职业素质 ……………………………………………………………………… 38
三、选择职业发展路线 …………………………………………………………… 39
四、正视现实，规划自我 ………………………………………………………… 40

第五章　职业生涯决策——优势赋能

第一节　职业生涯决策的内容 ……………………………………………………… 42
一、职业生涯决策的含义 ………………………………………………………… 43
二、职业生涯决策的原则 ………………………………………………………… 43

第二节　职业生涯决策的方法与步骤 ……………………………………………… 44
一、SWOT 分析法 ………………………………………………………………… 45
二、决策平衡单 …………………………………………………………………… 46

第六章　职业生涯规划——明确目标

第一节　职业生涯规划书的制定 …………………………………………………… 48
一、职业生涯规划书的基本类型 ………………………………………………… 49
二、职业生涯规划书写作的基本要求 …………………………………………… 50
三、职业生涯规划书的写作 ……………………………………………………… 51
四、职业生涯规划书写作经常出现的问题 ……………………………………… 53

第二节　职业生涯规划制定的步骤 ………………………………………………… 54
一、确立清晰的个人生涯愿景 …………………………………………………… 54
二、自我评估 ……………………………………………………………………… 54
三、环境评估 ……………………………………………………………………… 55
四、确定职业发展目标 …………………………………………………………… 55
五、设定职业生涯发展路线 ……………………………………………………… 55
六、制订弥补差距的行动方案 …………………………………………………… 55

第三节　职业生涯规划的实施 ……………………………………………………… 56
一、职业生涯规划实施的方法 …………………………………………………… 57

二、大学生涯目标的确定 ·········· 58
第四节　职业生涯规划的评估与调整 ·········· 60
　　一、职业生涯规划评估与调整的内容 ·········· 61
　　二、职业生涯规划评估与调整的原则 ·········· 61
　　三、职业生涯规划评估与调整的程序 ·········· 62
　　四、职业生涯规划调整的对策 ·········· 62

第七章　就业形势和政策

第一节　就业形势分析 ·········· 65
　　一、高校大学生就业形势 ·········· 65
　　二、残疾大学生就业形势 ·········· 69
　　三、客观分析就业形势 ·········· 69

第二节　就业政策法规 ·········· 71
　　一、普通高校毕业生基层就业政策 ·········· 71
　　二、普通高校学生自主创业政策 ·········· 72
　　三、普通高校学生应征入伍政策 ·········· 74
　　四、关于就业的法律 ·········· 75
　　五、残疾大学生相关法规政策 ·········· 76

第三节　就业信息渠道与基层岗位 ·········· 79
　　一、求职渠道 ·········· 79
　　二、网络就业服务平台 ·········· 80
　　三、面向高校毕业生的基层岗位 ·········· 80

第四节　防范就业陷阱 ·········· 82
　　一、非法职业中介陷阱 ·········· 83
　　二、招聘收费陷阱 ·········· 83
　　三、以招聘为名诱骗从事违法活动陷阱 ·········· 86
　　四、劳动合同陷阱 ·········· 88

第八章　就业心理调适

第一节　就业心理问题 ·········· 89
　　一、常见就业心理问题 ·········· 89
　　二、残疾大学生各种就业心理问题产生的原因分析 ·········· 91

第二节　就业心理准备 ·········· 93
　　一、维护健康心理的准备 ·········· 93
　　二、常用心理调适方法 ·········· 94

第三节　就业职场适应 ·········· 96
　　一、角色认知 ·········· 96
　　二、正确认识角色转换 ·········· 97
　　三、在角色转换中需要注意的问题 ·········· 98
　　四、成功实现角色转换 ·········· 100
　　五、建立良好的第一印象 ·········· 101

第四节 职场人际关系 ... 102
- 一、人际关系的类型 ... 102
- 二、残疾人在人际交往中的不足 ... 103
- 三、建立良好人际关系的技巧 ... 104
- 四、提高人际交往能力的心理要求 ... 105
- 五、努力钻研业务 ... 108

第九章 就业材料准备——未雨绸缪，百战不殆

第一节 量身定做，打造职业化简历 ... 110
- 一、简历的定义 ... 110
- 二、简历的撰写原则 ... 111
- 三、简历的基本内容 ... 111
- 四、撰写简历的注意事项 ... 113
- 五、简历的投递 ... 114

第二节 求职信的撰写 ... 117
- 一、求职信的格式 ... 117
- 二、写求职信的技巧 ... 118
- 三、准备求职信材料的注意事项 ... 119
- 四、求职信范例 ... 120

第三节 网上求职准备 ... 121
- 一、网上求职的特点 ... 121
- 二、求职网站 ... 122
- 三、网上求职的准备工作 ... 123
- 四、网上求职的技巧 ... 123
- 五、网上求职的注意事项 ... 124

第四节 求职面试技巧——面面俱到，初试锋芒 ... 125
- 一、面试的基本类型 ... 126
- 二、面试的技巧 ... 127

第五节 面试礼仪 ... 134
- 一、面试前的礼仪 ... 134
- 二、面试中的礼仪 ... 137

第十章 就业流程

第一节 就业程序 ... 142
- 一、毕业流程 ... 143
- 二、关于人事代理 ... 144

第二节 就业协议签订 ... 145
- 一、毕业生就业协议书 ... 145
- 二、就业协议的签订 ... 148
- 三、签订就业协议的注意事项 ... 149

参考文献 ... 151

第一章

生涯唤醒——点燃梦想

第一节　学业规划

案例导入

一名听障毕业生的学业规划与求职回顾

有位听障同学叫张梅，为了能够考上大学，当初报考了自己并不了解的数字媒体设计专业。由于不知道未来的出路在哪里，她在大学一年级的时候非常苦闷。她四处找人聊天，给自己设定了一个目标：毕业以后进入设计公司工作。她其实并不知道设计公司的要求是什么，不知道自己是否适合设计公司，但有了一个自己愿意为之奋斗的目标，就开始为这个目标努力学习。

没事的时候，她就上网查看一些招聘单位的职位要求。她发现，如果到设计公司应聘，创新能力就很重要，但这一直是她的软肋。于是，她不断地学习并研究各种艺术设计资料，到各个艺术馆、博物馆参观；同时关注各种招聘信息，每天坚持看设计公司公众号发布的新闻、活动和创意作品，积极报名参加一些相关的活动，也参与做一些活动的主播。为了让自己更有竞争实力，她还在大学二年级暑假的时候参与了公益活动，认识了很多朋友。后来，在朋友的介绍下，她到当地的一家设计公司进行了为期一个月的实习。

等到大学三年级找工作的时候，她投递了很多简历，参加了多次招聘面试，最终拿到一家知名设计公司的录用通知。

在过去的几年里，她做了很多功课，并且通过和别人交流认识到自己的性格并不适合做单一的工作。她在工作中属于进攻型选手，这家设计公司属于风头正劲的大船，可以给她足够的空间，让她结识各种背景的专业人士，还能给她提供更多的发展机会。

回顾在大学一年级时设立的目标，有的目标现在已经过时作废了，但她这几年为最初的目标所做的努力完全没有浪费。每一点微小的努力和进步，都为她最终做出的选择增加了微小却关键的筹码。

一、什么是学业规划

学业规划是指求学者完成文化启蒙阶段的学习之后，在决定职业发展方向的源头上，通过对自身特点（如性格特点、能力特点等）和未来社会需要的深入分析与正确认识来确定职业或事业目标，进而确定学业路线，然后结合实际情况（如经济条件、工作生活现状、家庭情况等）确立学习的行动方向、行动时间和行动方案，也就是解决求学者"学什么、怎么学、什么时候学、在哪里学"等问题。

二、确立学业规划和目标

学业规划使大学生更加认识自我，使大学生更加明确自己的目标，并为之不断地挑战自我和超越自我，为将来走向社会做好准备。学业目标指大学生对未来学业生活的构想与规划，以及对未来表现出来的强烈追求和向往。学业目标是大学生努力追求的动力。

大学生的学业规划和目标至少应该包括以下四个方面的内容。

（1）合理的知识结构。

（2）较强的实践能力。

（3）科学的思维方式。

（4）全面的综合素质。

不同年级具有不同的特点，大学生要按照各自的特点来科学规划大学学业。

大学一年级，大学生主要处于适应和探索阶段，这一阶段属于大学生自我发展期，要解决大学生适应新环境、掌握学习方法、正确评估自己的问题。

大学二年级是大学生成型阶段，在这一阶段要提高实践能力，培养社会交往能力，拓宽认知视野。

大学三年级是巩固和总结阶段，大学生在这一阶段要缩小职业选择范围，培养就业能力，解决就业选择问题。大学生面临毕业，要开始了解职场，看看工作都是什么样的，需要具备什么素质，以尽快适应职场环境。

课后作业

1. 高中和大学学习有何不同？邀请2~3位同专业的即将毕业的优秀学长、学姐谈一谈高中与大学的学习有何不同，以及他们是怎样规划自己的学业的。

以寝室为单位，讨论和回答上面的问题，并将寝室成员的看法与打算记录下来。

2. 与寝室同学讨论对大学的印象和体会，并写成500字以上的文章，在下次课程上分享寝室成员的观点。

3. 扫描二维码1-1，学习"生涯唤醒"的内容。

生涯唤醒

第二节　职业生涯规划内容

案例导入

规划美丽人生的手语天使

毛毛从小就是一个不会说话的听障者，难以和正常人交流。

大学毕业后，她开了一家动漫店，卖动漫产品，发现"开店最大的问题还是沟通"。这坚定了她学习说话的信念。为了学习说话，大学毕业后的第二年，毛毛开始使用助听器。为了听清别人说的话，她每天对着镜子一个字一个字地校准发音，练习说话。

毛毛会说话以后，获得了很多的工作机会。但是，毛毛有自己的职业理想。她认为，一个人的工作不应该只是为了赚钱，而是应该为了实现自己的个人价值。毛毛的努力和坚持让她获得了为残疾人福利基金会募集基金的工作，她开始尝试与各个企业的负责人联系，为基金会募集资金。毛毛说："那段时间，我的语言交流能力不断提高。因为我胆子比较大，所以成功率比较高。"她记录下了每位拜访过的企业负责人的生日，到了那天她会细心地送上一束鲜花，不论对方捐过款还是拒绝捐款。毛毛的努力和诚意，让企业负责人都很感动，许多企业第二年都会主动为残疾人福利基金会捐款。

四川地震后，毛毛积极为雅安灾区募集了一笔康复项目基金。后来，阿里巴巴向她抛来橄榄枝，年薪超过10万元。然而，毛毛拒绝了，她说："这不是我想要的，我要帮助残疾人，残疾人福利基金会的工作更适合我。"毛毛觉得，虽然残疾人福利基金会的工作十分辛苦，但压力可以变成动力，而她喜欢每天面对新的挑战。对毛毛而言，工作是用来体现个人价值的，远远超越了高工资的诱惑。

为了更好地为听障者服务，毛毛一年后又考入了杭州市残联，负责手语方面的工作，包括为西湖明珠电视台主持手语节目。毛毛做每一项工作，都力求完美，要求自己方方面面都不输给健全人。为了让手语更漂亮，毛毛学古筝、弹钢琴、练瑜伽，自己琢磨手语的动作和美感，向大家传递手语艺术。2012年，毛毛注册了"手语姐姐"的微博账号，每天录制一句手语或几个词汇，义务帮助大家学习手语。平时，她还在各大高校组织手语沙龙活动。

也许你听不到她爱的发声，但你我都能读懂她传达出来的信息——为残疾人的幸福而努力。她是全国第八届残运会开幕式上为董卿做手语翻译的美丽"手语天使"，她是残疾人眼中亲切的"手语姐姐"，她是朋友和同事心目里最努力、最敬业的"毛毛"。她，就是"80后"浙江女孩毛董莱（图1-1）。

图1-1 "手语天使"毛董莱

一、生涯、职业生涯与职业生涯规划

（一）生涯

在日常生活中，我们经常听到"生涯"一词，如"艺术生涯"。古人的诗词中也有"生涯"这个词，如南宋诗人陆游在《秋思》中写道："身似庞翁不出家，一窗自了淡生涯。"《辞海》对"生涯"一词的定义是：从事某种活动或职业的生活。

"生涯"一词现在多用来指人生发展历程。时代不同，视角相异，学者对"生涯"一词的定义也有所不同。目前，大多数西方学者接受的关于"生涯"的定义是舒伯的论点。舒伯认为，生涯是生活里各种事态的演进方向和历程，它统合了人一生中的各种职业和生活角色，由此表现出个人独特的自我发展形态。"生涯"也是人生从青春期到退休之后，一连串有酬或无酬职位的综合。除职业之外，生涯还包括任何与工作有关的角色，如学生、退休者，甚至包含家庭和公民角色。

（二）职业生涯

职业生涯是指经历一种职业的过程，如工作时间、工作地点、工作单位、工作内容、工作职务与职称、工资待遇等因素及其变化的过程，包括招聘、培训、晋升、被解雇或退休等各个阶段一个人所有与职业相连的行为与活动及相关的态度、价值观、愿望等连续性经历的过程，也是一个人一生中职业、职位的变迁及职业目标的实现过程。简单地说，一个人职业发展的状态、过程及结果构成了其职业生涯。一个人对其职业发展有一定的控制力，可以利用遇到的机会，在自己的职业生涯中最大限度地获得成功与满足。

职业生涯的内涵曾经随着时间的推移发生过很多变化。20 世纪 70 年代，职业生涯专指个人生活中和工作相关的各个方面。随后，又有很多新的意义被纳入职业生涯的概念之中，其中甚至包含生活中关于个人、集体与经济生活的方方面面。职业生涯是以心理开发、生理开发、智力开发、技能开发、伦理开发等人的潜能开发为基础，以工作内容的确定和变化，工作业绩的评价，工资待遇、职称、职务的变动为标准，以满足需求为目标的工作经历和内心体验的经历。职业生涯是人一生中最重要的历程，对人生价值起着决定性作用。职业生涯是一个动态的过程，指一个人一生在职业岗位上度过的，与工作活动相关的连续经历，并不包含职业上的成功与失败。也就是说，不论职位高低，不论成功与否，每个工作的人都有自己的职业生涯。

根据中国职业规划师协会的定义，所谓职业生涯，是指人一生中的职业历程。人的职业生活是人生全部生活的主体，在个人生涯中占据核心与关键的位置。人一生的职业历程，有着种种不同的可能：有的人从事这种职业，有的人从事那种职业；有的人一生变换多种职业，有的人终身在一个岗位上；有的人不断追求、事业成功，有的人穷困潦倒、无所作为。造成人们职业生涯的差异，有个人能力、心理、机遇方面的因素，也有社会环境的影响。

（三）职业生涯规划

职业生涯规划，也称职业规划，指一个人对一生中所承担职务的相继历程的预期和计划。这个计划包括一个人的学习与成长目标，以及对一个职业和组织的生产性贡献和成就期望。例如，做出个人职业的近期规划和远景规划，包括职业定位、阶段目标、路径设计、评估与行动方案等。

职业生涯规划，是指个人在对自己的内外环境因素等各种职业生涯主客观条件进行测定、分析、总结的基础上，对自己的兴趣、爱好、能力、特点进行综合分析与权衡，并结合时代特点，根据自己的职业倾向，确定最佳的职业奋斗目标，并为实现这一职业生涯目标制订出行之有效的具体安排计划与措施。

职业生涯规划要求一个人根据自身的兴趣、特点，将自己定位在一个能发挥长处的位置，以最大限度地实现自我价值。

二、职业生涯规划的种类

按照时间维度，职业生涯规划可以分为短期规划、中期规划、长期规划和人生规划四种类型。

（一）短期规划

短期规划即 3 年以内的规划，主要是确定近期目标，规划近期应该完成的任务。

（二）中期规划

中期规划一般涉及 5~10 年的职业目标和任务。

（三）长期规划

长期规划即 10 年以后的规划，主要是设定较长远的目标，以及为实现此目标应采取的具体措施。

（四）人生规划

人生规划即整个职业生涯的规划，时间长达 40 年左右，设定整个人生的发展目标和阶梯目标。

个人职业生涯规划从短期到中期，再到长期和人生规划，如同一个个台阶。在实际操作中，时间跨度太长的规划由于环境和个人自身的变化难以把握，而时间跨度太短的规划意义又不大，所以，人们一般把个人职业生涯规划的重点放在中期规划，这样既便于根据实际情况设定可行目标，又便于随时根据现实反馈修正或调整目标。

三、职业生涯发展阶段

人一生的职业发展大致可以划分为以下五个阶段。

（一）成长阶段（从诞生到 14 岁）

希望和空想在这个阶段占据主要地位，参与社会活动和体验现实在这个阶段更为重要。

（二）探索阶段（15~24 岁）

在学校参加课余活动和打零工时，自我体验，试着承担任务，进行职业上的探索。

（三）确立阶段（25~44 岁）

在这一阶段找到适当的领域，并为能够在该领域取得长期连续性的地位而努力。

（四）维持阶段（45~60 岁）

由于已经达到职业上的某种地位，在这个阶段的兴趣是保持自己的地位，几乎不会开辟新的领域，可以看作已经确立的路线的继续。

（五）下降阶段（60 岁以后）

在这一阶段退休并开始享受晚年生活。

人处在不同的职业发展阶段，应该考虑不同的事情。例如，在探索阶段，可以多做一些尝试，在工作中摸索出本人的职业倾向、职业锚、职业兴趣等，逐步找到最适合自己的职业。对于 40 岁以上的人来说，不应该做过多的尝试，而是应该认真分析清楚自己的职业锚、职业倾向，选择自己有优势的职业做长远的打算。对于年龄阶段，还应该针对不同的职业加以区分。例如，在我国，职业足球运动员 30 岁就该退休了；而教师，30 岁还是很年轻的。从上面的内容可以看到，在校大学生处在第二阶段——探索阶段。

知识拓展

最忌讳的 10 种心态

每个大学生都应该有自己的职业生涯规划，但千万不要有以下 10 种心态，不然会让你的职业生涯充满困难和曲折。

（1）总觉得自己不够好。
（2）用非黑即白的眼光看世界。
（3）无止境地追求卓越。
（4）疏于换位思考。
（5）无条件地回避冲突。
（6）过度自信，急于成功。
（7）被困难吓倒。
（8）强横压制反对者。
（9）天生喜欢引人注目。
（10）不懂装懂。

课后作业

扫描二维码 1-2，学习相关内容，思考职业生涯规划对残疾大学生的意义。

生涯规划的意义

第三节　职业生涯规划步骤

活动导入

我的旅游计划

【活动目标】

认识职业生涯规划教育对每个人的意义所在，引导学生思考自己的职业方向，以及在大学期间应该具备什么样的职业意识。

【规则和程序】

步骤一：教师将一张世界地图挂在黑板上。
步骤二：请学生参考世界地图，为自己制订一个详细可行的旅游计划。

步骤三：将学生分成三人小组，讨论以下问题。
（1）你的旅游计划是什么？
（2）你制订这个计划经过了哪几个步骤？
（3）你将如何落实这个旅游计划？
（4）这个过程与职业生涯规划有哪些相似之处？
小组总结，并在全班讨论交流。

【小组讨论】

人们在旅游前应该做好哪几个方面的准备？你会像精心准备旅游一样来策划你的人生吗？讲一讲你的打算。

一、学业规划具体步骤

（一）评价自我

生涯规划基本步骤

制定学业规划需要大学生对自己有充分的了解，包括自己的兴趣、优势和劣势、性格，以及各方面的能力等。大学生不仅要让他人评价自己，而且要通过一系列科学的方法与手段对自己进行全面的认知。例如，借助科学的职业兴趣测试、性格测验等，对自己的职业兴趣、气质、性格和能力等进行认识。首先，大学生要弄清楚自己想干什么。兴趣是理想产生的基础，兴趣与成功概率有着明显的正相关性。大学生要选择自己所爱，选择自己喜欢的专业方向与研究领域进行钻研和学习。其次，大学生要认清自己能干什么。能力是人的综合素质在现实行动中的表现，是正确驾驭某种活动的实际本领、能力和熟练水平。能力是实现人的价值的一种有效方式，也是支配人生命运的一种主导性的积极力量。最后，大学生还要弄懂自己应该干什么，以及在众多机会面前选择什么。大学生在进行自我评估时要客观、冷静，不能以点带面，既要看到自己的优点，又要面对自己的缺点。扫描二维码 1-3，学习"生涯规划步骤"的内容。

（二）评价客观环境

环境会影响学业规划的实施，大学生在制定学业规划时要对自己所处的环境有全面的认识和了解。大学生要分析客观环境条件的特点和变化，了解环境因素的优势与限制。大学生面对的客观环境，包括学校环境，也包括每个人所处的社会环境及家庭环境。

首先，对于学校环境，大学生需要在了解学校现在的主流学习方式、办学理念及学校运行机制的同时，了解所学专业、行业形势与发展趋势，清楚认识到自己将面临的机会、挑战及对未来发展可能产生的影响，从而确定大学学业目标。

其次，大学生对于社会环境的了解也非常重要。大学生要对社会的需要进行分析，从而确定自己未来可能的就业方向，进而确定自身学业的发展方向。

最后，大学生还要考虑自己的家庭环境（如家庭经济条件、生活现状及其他情况等）来制定自己的学业规划。

（三）设定与分解学业目标

大学生在确定学业目标前，一定要将客观环境和自身特点相结合，只有当规划符合实际情况时，才能够被严格执行。对学业目标的确定要从不同维度进行，以便达到不同的效果。

（1）从时间维度来讲，大学生应该立足于人生长远发展目标，确立大学期间的长期目标、每年的中期目标、每个学期的短期目标。大学目标需要个人经过长期艰苦努力和不懈地奋斗才有可能实现。在确定大学总体目标时，要符合现实情况，还要仔细思考，使目标不仅适合当前，还能在一定程度上符合未来的要求。而在确定短期目标时，一定要具体化。短期目标直接影响大学生在大学的具体发展，也是大学整个目标的一部分。在确定大学学业总目标后，要保证目标可以逐项分解。这种分解要具体到每一周、每一天都能落实的学习任务中，以便后期制订相应的学习计划，并使学习计划能够被有效执行。

（2）从内容维度来讲，学业规划不仅涵盖本专业的学习内容，还包括思想政治素质、核心技能及个人素质拓展等方面的内容。大学生在执行规划时，需要针对不同的内容和目标，根据时间将规划划分成具体的内容和任务。

（四）执行与强化学业规划

当完全设定好可以实施的学业目标时，大学生必须有相应的行动力来执行。假如缺乏行动力，大学生制定的学业规划只会是纸上谈兵。在执行规划时，大学生要保证每天的有效学习时间，同时需要保证有一定的学习效率，并按照规划中的时间要求完成规定的任务，完成每日的目标。另外，有一个问题大学生需要注意：在实际学业规划执行的过程中，很多大学生半途而废，忘记了制定学业规划的初衷。这些大学生大多数没有达到学业规划的长期目标，甚至有些人连短期目标都未曾实现过。大学生可以通过想象学业规划实现后得到的各种好处，培养出一种积极的心态，以增强行动力，确保学业规划顺利完成。

二、职业生涯规划具体步骤

系统的职业生涯规划应当包括职业生涯唤醒、自我认知、职业探索、职业决策、积极行动和评估修订六大步骤。

（一）职业生涯唤醒

在这个阶段，大学生要了解到职业生涯规划的重要性和作用，并愿意花时间来规划自己的职业生涯。需要提醒的是，职业生涯规划是一个过程，是面对职业生涯发展的态度，未必能够立竿见影，马上为自己带来理想的工作。这就好像播下种子，未必能够马上发芽一样。所以，对职业生涯规划要有合理的预期。

（二）自我认知

系统的职业生涯规划是一个"从内向外"的过程。因此，在进行职业生涯规划时，首先要认识自己，回答以下问题。

（1）我有哪些人格特质？
（2）我的兴趣是什么？
（3）哪些东西是我不能缺少的？我最看重什么？
（4）我有哪些与众不同、赖以为生的技能？
（5）其他：健康、性别、民族等。

（三）职业探索

职业方面的信息也是职业生涯规划中重要和基础的部分。对职业的了解具体包括以下内容。

（1）专业与职业的关系。

（2）职业的未来发展趋势。

（3）职业对工作人员的要求、条件和待遇等。

（4）继续教育方面的选择。

（四）职业决策

职业决策是综合整理信息并进行评估的阶段，在进行职业决策时有可能因信息不全回到前面的步骤。职业决策的具体内容包括以下三个方面。

（1）综合与评估信息。

（2）目标设立与计划。

（3）处理决策过程中的各种问题。

（五）积极行动

行动是将全部探索和思考落实的阶段。大学生要通过行动来实现自己设立的工作目标，行动通常包括以下内容。

（1）具体的求职过程。

（2）制作简历。

（3）面试。

在与现实的接触过程中，你会对自己有新的发现，由此对自己的职业生涯有新的思考。

为了学习方便，我们将职业生涯规划人为地分成不同的步骤，但无论在哪一个步骤，对自我与外部环境的探索都不应该停止。

（六）评估修订

当大学生在实践中迈出职业生涯的重要一步——进入工作世界时，随着外部环境的变化，或许会继续沿着过去的规划前进，也可能发现过去的规划已经不适合自己，或者发现过去的规划并不尽如人意。这时就需要再次进行职业生涯探索，修正职业生涯规划。因此，职业生涯规划是一个循环的过程，需要一辈子来探索。

课后作业

1. 请扫描二维码1-4，学习"生涯展示"的相关内容。
2. 制定完整的大学生活规划（学习计划和生活计划）。
3. 与同寝室的同学进行关于学习和生活规划的讨论与交流。

生涯展示

第二章

自我认知——兴趣导航

第一节 职业兴趣探索

活动导入

游戏环节

放松，进行深呼吸，回忆三个自己感到特别愉快、忘了时空和自己的时光，将其写在纸上。进行课前预习。

"你了解自我吗？"

对于大学生而言，很多时候对自我的了解是片面或者表面的。然而，在职业生涯规划中，自我因素起着至关重要的作用。它们如同隐形的手神奇地影响着大学生职业生涯的发展。自我因素涵盖诸多方面，最核心且对大学生职业生涯规划影响最大的是兴趣和价值观。对自我因素的认识和把握需要我们孜孜不倦地追求。一方面，要学会自我反思、自我剖析，能排除外界的干扰，深入自己的内心世界。另一方面，要学会借助他人的眼睛、借助专业的职业测评软件进行测评，更加客观地认识真实的自我。

通过自我认知，大学生能够更清楚地认识自我，从而科学地进行职业生涯规划，尽量做到人职匹配。

每个人都是独一无二的，我们要通过自我认知来认识自己、接纳自己、发现自己的优势，懂得利用优势并将其充分发挥。

一、兴趣概述

兴趣是人们内心动力和快乐的来源，是人们无论能力高低，无论外界如何评价，都依然乐此不疲的事情。兴趣是职业发展的润滑剂，是人们获得工作满意度、职业稳定性和职业成就感的重要影响因素，是进行职业选择的重要考虑因素。在现实生活中，尤其在职业生涯过程中，寻找到人生的快乐和幸福感，首先需要了解自己的兴趣在哪里。

（一）职业兴趣与职业匹配

职业兴趣是个体对不同类型的工作、活动的心理偏好程度。一个人对待工作的态度、对工作的适应能力，表现为具有从事相关工作的愿望和兴趣。拥有职业兴趣将增加个人的工作满意度、职业稳定性和职业成就感。大量研究表明,职业兴趣与工作满意度、职业稳定性和职业成就感之间存在明显的关联。

请扫描二维码 2-1,更深入地了解与职业兴趣相关的内容。

职业兴趣探索

(二)职业兴趣测试

下面进行一个测试,通过对岛屿的选择,探索自己真正的职业兴趣。

假设你乘坐的船在茫茫大海上航行,突遇暴风雨,船被巨浪损坏,仅能勉强航行至附近的六个岛屿之一。这六个岛屿远离陆地,你乘坐的船已经损坏,如果没有航船经过岛屿,你可能在岛上待很长一段时间。

请根据自己的兴趣选出自己最想留下的岛屿。

(1)美丽浪漫岛。岛上的居民保留了传统的舞蹈、音乐与绘画作品,许多艺术界人士来这里寻找灵感。岛上充满了美术馆、音乐厅、街头雕塑和街边艺人,四处弥漫着浓厚的艺术文化气息。

(2)现代繁荣岛。岛上是进步的都市形态,有现代化的建筑,以及完善的户政管理、地政管理和金融管理制度。岛上居民性格冷静、保守,做事井井有条,善于组织规划。

(3)显赫富庶岛。岛上经济发达,处处都是高级饭店、俱乐部、高尔夫球场。居民善于经营,能言善道,与之来往的多是企业家、经理人、政治家、律师等。

(4)深思冥想岛。岛上建筑密度低,且无高层建筑,有多个天文馆、科技博览馆、图书馆。居民喜好学习、研究,追求真知,有机会与来自各地的哲学家、科学家、心理学家交流。

(5)自然原始岛。岛上鸟语花香,森林植被保持得很好,各种野生动物与人类互相依存。居民以手工编织见长;粮食、瓜果、蔬菜自给自足;自己修缮房屋,打造器具;喜欢户外运动。

(6)亲切友善岛。岛上居民重视教育,互帮互助,充满人文情怀。居民个性温和、友善,社区均自成一格,形成密切互动的服务网络。

写下你最想前往的岛屿的代码,与表 2-1 对照,确认自己的人格类型,表中所列特征只是相关群体的大部分特征。

表 2-1 人格类型与职业环境的适配

人格类型	特　征	职业类型
现实型 (5)	1. 愿意使用工具从事操作性工作; 2. 动手能力强,手脚灵活,动作协调; 3. 偏好具体任务,不善言辞,不善交际。 性格:持久、感觉迟钝、不讲究、谦逊	主要指各类工程技术工作、农业工作,通常需要一定体力,需要运用工具或操作机器。 主要职业:木工、电器技师、工程师、营养专家、建筑师、运动员、农场主、森林工人、公路巡逻人员、园艺工人、城市规划人员、军官、机械操作工、维修工、安装工人、矿工、电工、司机、测绘员、描图员、农民、牧民和渔民等
研究型 (4)	1. 思想家而非实干家,抽象思维能力强,求知欲强,肯动脑,善思考,不愿动手; 2. 喜欢独立的和富有创造性的工作; 3. 知识渊博,有学识才能,不善于领导他人。 性格:有好奇心、个性内向、非大众化、变化缓慢	主要指科学研究和科学实验工作。 主要职业:生物学家、化学家、地理学家、数学家、医学技术人员、生理学家、物理学家和心理学家等自然科学和社会科学领域的研究与开发人员、专家;化学、冶金、电子和机械等方面的工程师、技术人员

续表

人格类型	特 征	职业类型
艺术型（1）	讨厌结构，喜欢以各种艺术形式的创造来表现自己的才能，实现自身价值；具有特殊艺术才能和个性；有创造力，乐于创造新颖、与众不同的艺术成果，渴望表现自己的个性。 性格：冷淡疏远、有独创性、非传统	主要指各类艺术创作工作。 主要职业：广告管理人员、艺术教师、艺术家、作家、广播员、室内装修人员、音乐家、摄影师；音乐、舞蹈、戏剧等方面的演员、艺术家、编导、教师；文学、艺术方面的评论员；广播电视主持人、编辑；绘画、书法、艺术，家具，珠宝等行业的设计师等
社会型（6）	1. 乐于助人，喜欢从事为他人服务的工作和教育工作； 2. 喜欢参与解决大家共同关心的社会问题，渴望发挥自己的社会作用； 3. 寻求亲近的人际关系，比较看重社会义务和社会道德。 性格：缺乏灵活性、亲切仁慈	主要指各种直接为他人服务的工作，如医疗服务、教育服务、生活服务等。 主要职业：公务员、教师、学校管理人员、保育员、行政人员、医护人员、社会工作人员、图书管理员、精神健康工作者、衣食住行服务行业的经理、管理人员和服务人员、福利人员和娱乐管理人员等
企业型（3）	1. 追求权力、权威和物质财富，具有领导才能； 2. 喜欢竞争，敢冒风险； 3. 精力充沛，自信，善交际，口才好，做事巧妙。 性格：善辩、精力旺盛、寻求娱乐、努力奋斗	主要指那些组织与影响他人共同完成目标的工作。 主要职业：综合性农业企业管理人员、房地产商、经理、企业家、政府官员、律师、金融家、零售商、人寿保险代理人、采购代理人、行业部门和单位的领导者、管理者等
传统型（2）	1. 尊重权威，喜欢按计划办事，习惯接受他人的指挥和领导，自己不谋求领导职务； 2. 不喜欢冒险和竞争，富有自我牺牲精神； 3. 工作踏实，忠诚可靠，偏爱规章制度明确的工作环境。 性格：有责任心、依赖性强、高效率、猜疑心重	主要指各类文件档案、图书资料、统计工作及与报表之类相关的各类科室工作。 主要职业：会计、出纳、银行职员、速记员、统计人员、打字员、办公室人员、秘书和文书、图书管理员、风险管理者、外贸职员、保管员、邮递员、审计人员和人事职员等

请扫描二维码 2-2，学习职业兴趣游戏卡片相关内容。

职业兴趣卡片

二、职业兴趣培养

大学生要发挥主观能动性，加强自我认知，努力挖掘自己智力因素和非智力因素中的优势和特色，充分发挥家庭背景、社会阅历方面的独特优势，结合所在学校地理位置、办学特色及服务对象、职业认知、所学专业、社会实践、性别差异等因素，积极参加社会实践，努力培养稳定的职业兴趣。

职业兴趣不是遗传的，而是在后天的学习和生活中逐渐培养形成的。在对职业兴趣的培养中，需要注意以下问题。

（一）培养广泛的兴趣

具有广泛的职业兴趣的人，不仅对自己职业领域内的人和事有强烈的兴趣，而且对相当范围内的人和事都抱有强烈的好奇心，这种人总是以好奇的眼光来看待周围的人和事。他们眼界比较开阔，思路敏捷，解决问题时总是从多个角度、多个层次进行，可以从多个方面得到启发，使其在职业选择与变动中有较大的回旋余地。相反，一个人如果只在自己习惯的、狭小的范围内探寻新的活动方式，是不容易取得成功的。

（二）要有坚定的兴趣

职业兴趣广泛的人，各个方面都不太深入，经常见异思迁，就会陷入浮泛的境地，往往学识浅薄。面对众多的职业诱惑，他们难以做出决定性的选择，不能明确职业的主攻方向，自然难以有所成就。所以，在培养自己具有广泛职业兴趣的同时，大学生还应当培养自己在某一领域、某一方向的持久稳定的职业兴趣，将职业兴趣的广度和深度结合起来，只有这样才能促进自己的发展和成才。

（三）培养现实的职业兴趣

职业兴趣是以一定的社会职业需要为基础，并在一定的学习和教育条件下形成和发展起来的。在对职业兴趣的培养中，既有家庭潜移默化的影响，又有学校教育的整体引导，还有实践活动等积极的感知认识活动的促进。其中关键的问题就是，要充分考虑客观现实条件，不能执拗，否则就是画地为牢，限制了自身的发展。

（四）结合社会、心理、生理等因素，培养职业兴趣

影响个体职业选择的因素很多，至少有以下三个方面的因素是不能忽略的。
（1）社会学方面的因素，如就业机会、社会职业价值观、父母的职业态度等。
（2）心理学方面的因素，如个人兴趣、能力、人格等。
（3）心理学方面的因素，如个人长相、力量、感官机能等。

我们可以发现，在影响职业选择的众多因素中，职业兴趣仅是心理学方面的一个因素。虽然职业兴趣在个体的职业选择中非常重要，但毕竟只是一个方面，决定不了职业选择的全部内容。最常见的情况是，个体对某一职业具有强烈的兴趣，但不具备从事该职业的素质。另一种情况是，个体虽然具备从事某一职业的素质，但对该职业兴趣不大或完全没有兴趣。对于前一种情况来说，我们建议放弃该职业兴趣；对于后一种情况来说，我们建议培养该职业兴趣。也就是说，个体职业兴趣的培养不是单一的、孤立的，应当结合社会、心理、生理等因素综合进行。

课后作业

1．请思考并回答以下问题。
（1）你的人格类型与你所学专业的适配性如何？结合自己所学专业，你将如何培养自己的职业兴趣？
（2）人在什么时候感到幸福？
2．请扫描二维码2-3学习"职业兴趣测试"相关内容。
3．画出自己理想中最想去的岛屿的画面。

职业兴趣测试

第二节　价值观与职业观

案例导入

他的清洁用品电商梦

张明，从电子商务专业毕业后进入一所私立培训机构，从事电子商务教学工作。4年后，由于待遇偏低、教学能力不足、发展空间有限，遭遇职业发展瓶颈，他主动请辞，转做电商客服工作。但是，计划没有变化快，处于市场培育阶段的这家公司成立不到一年时间就彻底倒闭了。于是，张明不得不再度迎战，准备就业。在一次见面会上，他偶遇一位清洁用品公司的总经理，随后便在对方的引荐下进入一家清洁用品销售公司，在杭州分公司从事市场部营销主管工作。

目前，工作进展顺利的张明有了新的职业生涯规划，即在5年后开办一家属于自己的清洁用品电子商务公司，干有影响力的事，做有影响力的人。他说："这个目标是我在这么多年的工作积累之后，经过深思熟虑才确定的。我会努力去实现这个目标。"

【案例解析】

在通常情况下，人们刚参加工作的时候并不知道自己的最佳职业定位是什么。个人的职业锚是个人内心世界和工作情境之间相互作用的产物，经过若干年的实际工作后才能够被发现。为了今后创业，从事了4年教学工作的张明主动辞职并接触最有利于自己创业的市场工作，说明他已经开始主动地、有意识地努力寻找自己的职业锚了。

在职业生涯历程中，职业生涯成功的方向具有多样性，总体上可以分为5种类型——进取型、安全型、攀登型、自由型、平衡型。

张明目前的职业生涯成功的方向以进取型和攀登型为主。进取型的人以不断取得更高的职务为职业生涯成功的标准。

对攀登型的人来说，最不喜欢做常规性的事情，愿意从事有挑战性与风险性的工作。这种人适合去开发和培育新市场。对张明来说，做市场开发、销售工作最能激发他的工作热情。因此，他离开工作4年的教师岗位，转而从一线销售人员做起。面对业务工作中的挫折和辛苦，他仍然一如既往地努力。和一般的职业人不同的是，张明想创业，干有影响力的事，做有影响力的人，说明他把职业当事业，想的是社会贡献和人生价值。张明找到了职业锚，是将职业转换为事业的里程碑。

思考与讨论

从案例可知，张明已经在考虑找到职业锚的三个问题：我到底想干什么？我到底能干什么？我到底为什么干？请同学们对此进行思考和讨论。

一、什么是价值观

价值观是人们用来区分好坏并指导行为的心理倾向系统。价值观往往容易被看作仅属于认知的范畴,其实它通常是充满情感和意志的。

二、价值观的激励作用

马斯洛提出,人有 5 个层次的需求,即生理需求、安全需求、归属需求、尊重需求和自我实现需求。只有低层次的需求得到基本满足后,个人才能关注并致力于满足下一层次的需求。这些需求是强大的内在驱动力,我们所做的事情正是为了满足这些需求。

三、价值观分类

职业价值观的分类有很多种,其中,比较典型的有以下十种。

(一)技术型/职能型

技术型/职能型的人,追求在技术或职能领域的成长和技能的不断提高,以及应用技术或职能的机会。他们对自我的认可来自专业水平,喜欢面对来自专业领域的挑战,不喜欢从事一般的管理工作,因为这意味着他们将被迫放弃在技术或职能领域的成就。

(二)管理型

管理型的人追求并致力于工作晋升,倾心于全面管理,独自负责一个部门,可以跨部门整合其他人的努力成果。他们想去承担整个部门的责任,并把企业的成功与否看成自己的工作。如果这类人刚开始做的是技术工作,那么具体的技术或职能仅被其看作通向更高、更全面的管理层的必经之路。

(三)自由型/独立型

自由型/独立型的人希望随心所欲地安排自己的工作方式、工作习惯和生活方式。他们追求能够施展个人能力的工作环境,最大限度地摆脱组织的限制和制约。他们有时宁愿放弃提升或加薪的机会,也不愿意放弃自由与独立。

(四)安全型/稳定型

安全型/稳定型的人追求工作中的安全感与稳定感。职业的稳定和安全,是这类人的追求、驱动力和价值观。他们的安全取向主要分为两类:一类追求职业安全,主要是不经常更换企业或工作岗位,如大企业的组织安全性高,其成员稳定系数也比较高;另一类注重情感的安全稳定,包括家庭的稳定和使自己融入工作团队当中。

(五)创业型

创业型的人希望用自己的能力去创建属于自己的企业或完全属于自己的产品(或服务),并愿意为此承担风险,克服面临的障碍。他们想向世界证明企业是靠自己的努力创建的。他们可能现在正在别人的企业工作，但同时也在不断学习并评估将来的机会。一旦感觉时机到来，他们便会毫不犹豫地走出去创建属于自己的事业。

（六）服务型

服务型的人希望用自己的知识、技巧帮助别人。例如，改善人们的安全环境，通过新产品来消除疾病。这种类型的人富有同情心，他们把他人的痛苦视为自己的痛苦，不愿干表面上哗众取宠的事，把默默地帮助不幸的人视作无比快乐的事。他们往往觉得，只有对他人和社会有贡献，自己的人生才有意义。

（七）挑战型

挑战型的人喜欢解决看上去无法解决的问题，战胜强大的对手，克服无法克服的困难和障碍。对这类人而言，参加工作的原因是工作允许他们去战胜各种不可能。新奇、变化和困难是他们追求的终极目标。如果事情非常容易，并且千篇一律，没有变化，他们就会对工作提不起太大兴趣，甚至开始厌烦。

（八）生活型

生活型的人喜欢允许他们平衡个人、家庭与职业需要的工作环境，希望将生活的各个主要方面整合为一个整体。正因为如此，他们需要一个有足够的弹性以实现这一目标的职业环境，甚至为了家庭和个人的一些因素，而情愿牺牲职业的一些方面，如提升带来的职业转换。他们对成功的定义往往是广义上的，而不仅是工作上的，很注重自己的精神生活和独立世界。

（九）经济型/利益型

经济型/利益型也称经理型，这种类型的人往往确信世界上的所有幸福都可以用金钱买到。他们认为人与人之间的关系只是金钱关系，父母与子女的爱同样带有金钱的烙印。他们在选择工作时，更多考虑的是工作能否给予他们经济回报。

（十）自尊型/虚荣型

这种类型的人被尊敬的欲望很强，追求虚荣，优越感也很强。他们渴望有社会地位和名誉，希望常常受到众人尊敬。在选择职业的时候，他们可能比较喜欢那种受人尊敬或在社会上地位较高的工作，如医生、教师、银行工作人员，政府工作人员。

四、职业观

职业价值观简称职业观，也称职业意向，是个人希望从事某种职业的态度倾向，也就是个人对某种职业的希望、愿望和向往。职业观是个人对某一职业的价值判断，它对大学生的择业决策起着指导性和决定性作用。目前，我国每年有1000多万名大学毕业生，社会对大学毕业生的需求逐渐下降，大学毕业生就业由卖方市场过渡到买方市场。在这种情况下，合理而恰当的职业观将有利于人才资源的优化配置。

大学生到底应该树立什么样的职业观呢？

（一）做好长远规划

许多大学生在找工作时，想一步到位，这没有什么不对，但在现实中，一步到位的岗位确实不多，何况大学生对一次到位的要求又是非常高的：工资要高、单位要体面、工作不要太累、上班不能太远……这些条件，使不少大学生错过了许多好单位。在现实中，我们也常常看到，有的大学生一开始认为自己找到了"一步到位"的岗位，可是干了不到半年，就后悔了，认为自己的选择是错误的，不得不重新选择工作。在选择工作时，大学生不能太理想化，一个人可能要经过3至4次的选择，才能找到自己终身喜欢的工作，所以对第一份工作不要太挑剔了。

（二）重在学以致用

大学生在就业中，把专业对口看得太重，专业不对口就不去。一个优秀大学生的才华应该体现在综合能力上，在专业不对口的情况下，也能尽快进入角色，在新的工作中，做出突出的贡献。

"学以致用"的理想境界需要用人单位、学校和学生三方的悉心打造。一方面，我国的高等教育专业分得太细，存在专业重复建设。另一方面，大学生自身也该调整心态，在可以把握的范围内摒弃"死守本行，不求变通"的观念，尽快树立"终身学习"的理念以适应科学技术快速升级换代，不要让"专业对口"束缚了自己的手脚。

（三）正确看待待遇

有的大学生把收入看得太重，不看单位的发展潜力，不看自己在这个单位的发展前途，死抱住"低于3000元不去"的想法。有的大学生有时还会说：父母养我这么大，我挣这么少，根本无法报答父母养育之恩。

一个人头一份工作的收入，并不是非常重要的，他只能说明你的今天，并不能说明你的未来。如果一个单位目前能给你5000元，但是单位的发展空间不大，最后你的收入也不会很高的。

（四）从基层做起

许多同学认为参加工作就要干一番事业，而不愿做日常平凡工作。甚至有的单位准备先让新聘大学生到基层锻炼两年，再调到机关工作，许多人就不愿去了。实际上，不从日常平凡的岗位干起，很难在今后的工作中有所作为，我们国家许多领导人都是从基层一步步干起来的，正所谓"不积跬步，无以至千里；不积小流，无以成江海"。

此外，不少大学生抱有找一个稳定工作的观念。想找一个稳定的工作，这是可以理解的，但当被问到什么是稳定的工作时，不少大学生又不是非常清楚，有时还表现出非常矛盾的心理：一方面要求市场经济的高工资，另一方面又要求计划经济的稳定性。

大学生应该树立正确的职业观，正确的职业观应该是从祖国的需要出发，选择自己最喜欢的工作，不过多地考虑收入及社会地位，用心做好自己最喜欢的事情，并做出一流的成绩。

拓展训练

挑选出对自己最重要的价值观

参照下面提到的 13 种重要价值观，挑选出对你来说最重要的 5 种价值观分别写在 5 张纸条上，在纸条反面对挑选的价值观进行描述。如果你不得不放弃其中的一种，那么你会放弃哪一种？将你准备放弃的这一种与其他人交换。如果你不得不再次放弃剩下四种中的一种，你会放弃哪一种？请再次与其他人交换。（保留刚才别人给你的，放在一边）继续下去，直到剩下最后一种。这是否是你无论如何也不愿放弃的？

（1）成就感：提升社会地位，得到社会认同；希望得到他人的认可，对完成工作和挑战成功感到满足。

（2）对美感的追求：能够有机会多方面地欣赏周围的人、事、物，或任何自己觉得重要且有意义的事物。

（3）挑战：能够有机会运用聪明才智解决困难。舍弃传统的方法，选择创新的方法处理事务。

（4）健康（身体和心理）：良好的身体状况，工作时能够免于焦虑、紧张和恐惧；希望能够心平气和地处理事务。

（5）收入与财富：工作能够有效地改变自己的财政状况；希望得到用金钱能够买到的东西。

（6）独立性：在工作中有弹性，可以充分掌握自己的时间和行动，自由度高。

（7）爱、家庭、人际关系：关心他人，与别人分享，协助别人解决问题；体贴、关爱，对周围的人慷慨。

（8）道德感：与组织的目标、价值观和工作使命不冲突，紧密结合。

（9）欢乐：享受生命，结交朋友，与别人共处，一同享受美好时光。

（10）权力：能够影响或控制别人，使他人依照自己的意愿行事。

（11）安全感：能够满足基本的需求，有安全感，远离突如其来的变动。

（12）自我成长：能够追求在知性方面的发展，在智慧、知识与人生的体会上有所提升，寻求更圆满的人生。

（13）协助他人：体会到自己的付出对团体是有帮助的，别人因为你的行为而受惠很多。

课后作业

很少有工作能够完全满足一个人所有的重要价值观，生活也是如此。我们需要对自己的价值观进行澄清和排序，只有这样才能知道应该如何取舍。请思考并讨论以下问题。

1. 你对自己的价值观有什么了解？
2. 你的价值观对你的职业选择和人生会产生什么样的影响？
3. 影响你的价值观形成的因素有哪些？

第三章 职业认知——探寻未来

第一节 职业认知

活动导入

搜集职业信息

请同学们以 5~6 人为一个小组进行讨论，可以通过哪些渠道获得职业信息，需要了解哪些职业信息。按下列格式填写好后，每个小组选拔一名成员进行汇报。

搜集职业信息的途径和方法：_____。
职业信息的内涵：_____。
下一步，我打算通过以下渠道搜集信息。
（1）搜集、研究与特定领域职业有关的书面信息。
（2）采访有关人士，对感兴趣的职业有进一步的了解。
（3）从职业咨询老师那里得到更多的个人帮助。
（4）通过选修课来检测自己对某一相关领域的兴趣。
（5）通过参加社团活动来检测自己对某一相关职业领域的兴趣。
（6）通过做兼职工作、实习或者志愿者活动来检测自己对某一相关领域的兴趣。

"比别人多用心一点，你就离成功更近一点"，这是对每一位渴望走进职场、获得职场成功的大学生的启示。只有充分了解职业信息，我们才能知道不同职业对人文素质的不同要求，才能知道自己究竟能够做什么，才能够明白自己到底适合什么样的工作。

一、什么是职业

《辞海》认为，职业就是一种相对稳定的劳动和工作，是获得经济收入的主要来源，具有一定的差异性和层次性。也有人认为，职业是指从业人员为获取主要生活来源所从事的社会工作类别，它是劳动者参与社会经济活动的直接体现。

在现实生活中，人们总是要在一定的工作岗位上实现就业，但人们对"职业"一词却有不同的理解。有人认为职业就是工作，如医生、教师、法官等；有人认为职业是一种生活来源；有人认为职业是一种等级身份。

从科学的角度来看，职业是指参与社会分工，利用专门的知识技能为社会创造物质财富和精神财富，获得合理报酬、满足物质生活需要和精神生活需求的社会劳动。

职业是人们从事的相对稳定的、有收入的、专门类别的工作，是有劳动能力的人为生活所得发挥个人能力并为社会做贡献的持续性活动，是个人在社会中从事的作为主要生活来源的工作。可以说，职业反映个人与社会两个方面的内容，是个人与社会互动的范畴。

职业存在于社会分工之中，在不同工作性质的岗位上，人们从事的工作在目标、内容、方式与场所上有很大的差别。也就是说，人们的社会角色是不一样的。一定的社会分工或社会角色的持续实现，就形成了职业。

对于职业的概念，可以从以下四个方面加以理解。

（1）相对稳定的劳动和工作，即在一定的时期内在某单位的劳动和工作。

（2）生活的主要经济来源，即从事该项劳动和工作是获得个人或家庭生活消费的主要经济来源，强调创造物质财富和精神财富，获得合理报酬。

（3）与人类的需求和职业结构相关，强调社会分工，包括横向和纵向的分工不同的工作类别。

（4）劳动者参与社会经济活动的直接或间接体现，与个人生活相关。

因此，职业是对人们的生活方式、经济状况、文化水平、行为模式、思想情操的综合性反映，也是一个人的权利、义务、职责的体现，是一个人社会地位的一般性表征。也可以说，职业是人的社会角色的一个极为重要的方面。

二、职业的功能

职业的功能是指职业活动与职业角色对人和社会的作用与影响。

职业生活是在人们的社会生活中居首要地位的活动，解决好职业问题，对人的一生发展具有重大的意义。

职业的功能主要有以下三个方面。

（一）职业影响个人及其家庭的生活状况和社会地位

职业是个人获得经济收入的来源，是个人维持家庭生活的手段，不同职业、职位给就业者带来的经济收入也不尽相同。同时，不同的职业也体现了不同的社会地位和社会声望。

（二）职业促进个性的发展和提高

职业是促进个性发展的手段。当个人从事的职业能使个人的特长、兴趣得到充分发挥时，也就促进了个性的充分发展。不同的职业要求掌握不同的知识和技术，遵守一定的规则、章程和职业道德，从而影响职业角色的行动方式、处事原则和态度。长期从事某种职业，就会对该职业的某些方面产生更大的关注和兴趣，如美术设计师对艺术、面点师对美食、建筑师对房屋等。

（三）职业是推动人类社会发展的主要力量

在当今社会里，每一项主要的工作，每一种重要的劳动及社会活动，都有与之相应的职业。例如，体育工作是职业，文艺工作是职业，就业指导也是职业，家务劳动也是职业。职业是推动人类社会发展的主要力量。

三、职业的分类

职业的分类是指按一定的规则和标准，把一般特征及本质特征相同或相似的社会职业，划分并归纳到一定类别系统的过程。它是以工作性质的统一性为基本原则，对社会职业进行的系统划分与归类。工作性质是一种职业区别于另一种职业的根本属性，一般通过职业活动的对象、从业方式等予以体现。

职业分类的目的是将社会上纷繁复杂、数以万计的工作类型，划分成类系有别、规范统一、井然有序的层次或类别，进而建立合理的职业结构和职业配置体系。职业分类是对职工进行考核和智力开发的重要依据。

根据不同的标准，社会中众多的职业可以分为不同的类型。

（一）职业、工种、岗位

1. 职业

职业是具有一定特征的社会工作类别，它是一种或一组特定工作的统称。

2. 工种

工种是根据劳动管理的需要，按照生产劳动的性质、工艺技术的特征或服务活动的特点而划分的工作种类。

3. 岗位

岗位是企业根据生产的实际需要而设置的工作位置。

4. 职业、工种和岗位的关系

职业、工种和岗位是将职业按不同需要或要求进行的具体划分。
一般来讲，一个职业包括一个或几个工种，一个工种又包括一个或几个岗位。

（二）职业分类

1. 职业分类和职业技能标准的法律依据

《中华人民共和国劳动法》第69条规定，国家确定职业分类，对规定职业制定职业技能标准。

2. 职业分类的目的和意义

（1）反映经济、社会等领域的发展和结构。
（2）为统计和人口普查提供依据。
（3）劳动力管理的基础。
（4）为教育、培训和就业服务提供条件。
（5）完善国家职业资格证书制度的重要基础工作。

3. 职业分类的基本原则

（1）科学性、先进性原则。

正确反映不同管理层次、不同技术水平、不同业务范畴职业的特性。

（2）客观性、适用性原则。

根据我国经济发展和科技水平的现状，以及各行业、各部门工作性质、技术特点、劳动组织、工作条件的不同情况，按工作性质的同一性进行职业划分。

（3）开放性、国际性原则。

学习借鉴国际上职业分类的成功经验和做法，在结构框架等方面和国际接轨，使职业信息具有国际可比性。

4. 职业划分考虑的因素

采用国际通行做法，将现有职业逐级分层，划分为大类、中类、小类、细类（职业）。在遵循基本原则的基础上，各类划分时还考虑以下因素。

（1）大类划分主要考虑从业人员职责范围、受教育水平和我国政治制度、管理体制、科技水平和产业结构的现状及发展因素。

（2）中类划分考虑职业活动涉及的知识领域、工具设备、技术方法及产品或服务种类。

（3）小类划分考虑从业人员作业环境工作条件和技术性质。

（4）细类划分是我国职业分类的最基本类别，即"职业"。

四、职业和社会对人才的需求

（一）职业对人才的共性要求

具体的职业对人才的具体要求是各不相同的，但无论什么样的职业都对人才素质有以下四个共性要求。

1. 职业形象要求

职业形象是指职业从业者的外在着装、语言、礼仪、谈吐必须符合社会普遍规范。职业形象是维护职业声誉的重要组成部分，是企业文化的重要构成内容，是社会文明的组成部分。职业形象好坏对自己、对企业、对社会都是极其重要的，企业和职业人员都有义务维护职业形象。

2. 职业活动基本要求

职业活动基本要求是指在各个职业活动中、在相互交往中都必须注重的基本规范。其具体表现为以下几点。

（1）注重时间观念。

（2）注意沟通有效，回复及时。

（3）注意原则，避免情绪化。

（4）角色认识与定位恰当。

（5）与同事之间有团队合作精神。

（6）有大局观念。
（7）有成本意识。
（8）职业技能。

3. 职业心理素质要求

职业心理素质指从业者应具备的相应的心理素质，主要表现为以下几点。
（1）职业调适能力。
（2）应激反应能力。
（3）挫折承受能力。
（4）抗拒诱惑能力。

4. 职业道德要求

每种职业活动都面临职业道德要求的问题，每个从业者都不能因为自己的职业活动需要、为了自己的利益需要而违背职业道德。

（二）不同职业对人才素质的要求

社会对人才既有共同的要求，也会因为行业、职业、工作内容不同而有特殊的要求。了解整体要求，再了解自己心仪工作的具体要求，我们可以提高职业生涯规划的效率。

1. 对管理人才的素质要求

管理工作可以具体分为经营管理工作、业务（技术）管理工作、行政管理工作等。这里分别介绍有关专家总结、概括的从事这几种管理工作应具备的职业素质，如表3-1所示。

表3-1 对不同类型管理人才的素质要求

经营管理人才	业务（技术）管理人才	行政管理人才
1. 具有强烈的市场和用户观念 2. 既是本行业生产的技术内行，又有比较宽的知识面 3. 具有较强的综合分析能力 4. 具有较强的控制能力 5. 处理问题机动灵活，具有较强的应变能力 6. 具有良好的决策或辅助决策能力 7. 具有良好的谈判和社交能力	1. 具有较强的技术和经济观念 2. 对新技术、新产品有敏感性和较强的鉴别能力 3. 具有较周密的思维能力 4. 具有较强的组织协调能力、宣传鼓动能力 5. 既精通专业知识，又有较宽的知识面 6. 具有较强的信息观念和信息沟通能力 7. 具有较强的社交能力	1. 具有较强的法治观念、纪律观念和集体意识观念 2. 具有较强的办事能力，工作忙而不乱，并能够出于公心，公道处事 3. 善于处理人际关系 4. 具有较强的综合协调、果断决策能力 5. 信息观念强，具有接到反馈后适时反应的应变能力

2. 对商业人才的素质要求

商业人才分为三种不同类型的人才，即销售人才、公关人才和市场人才，对其素质的要求如表3-2所示。

表3-2　对不同类型商业人才的素质要求

销售人才	公关人才	市场人才
1. 能够给人留下真诚、热情、可信赖的好感	1. 不拖拉,不模棱两可	1. 具有强烈的时间观念和服务意识
2. 善于换位思考,善于和主要客户沟通,及时抓住大客户的关注点	2. 能写会说,具有相当的写作能力与能言善辩的良好素养	2. 能够在市场调研和信息采集的基础上,组织分析、比较和选择市场营销方案,并进行资源整合,以把握市场时机
3. 抗挫折能力强,不怕被拒绝	3. 有思想、有头脑	3. 头脑清晰,反应灵敏
4. 能够承担风险	4. 以人品服众	4. 具有团队意识
5. 有远见和长远目标	5. 把企业形象放在第一位	5. 具有强烈的进取心
6. 要有机敏的应变能力,勤于思考、善于分析	6. 具有机敏的应变能力	6. 能够正确认识危机,有快速应变能力
7. 要有广泛的社交能力和干练的办事能力	7. 具有广泛的社交能力和干练的办事能力	7. 能够接受新的信息、观念和想法

机遇总是垂青有准备的人,一个人的职业素质如何,将决定他在求职择业时的自由度和取得职业岗位的层次。求职择业的准备是漫长的,尤其想选择一个理想的职业时,更需要为之付出艰辛的汗水。大学生求职择业的征程从迈入大学校门的第一天就开始了,并且贯穿大学生活的始终。因此,大学生应自觉地把大学生活同求职择业乃至将来的职业生活紧密联系在一起,努力做好知识、能力、素质等方面的准备。

课后作业

1. 扫描二维码学3-1,学习"面点匠师的奋斗之路"。
2. 从网上搜集与本专业相关的职业信息。
3. 谈一谈自己对所学专业的看法。

面点匠师的奋斗之路

第二节　职业环境

案例导入

有想法没方法的大学生柯文

上大学前,柯文的目标特别明确,就是要考上自己非常心仪的某美术学院。当大学录取通知书如愿到手时,柯文被巨大的成功喜悦包围,有一种如释重负的解脱感。大学的校园生活在柯文眼中也是多姿多彩的——迎新晚会、社团招新、学生会竞选……都吸引着充满理想的他,他想象自己必将在大学一展身手、学有所成,毕业之后必然成为一个意气风发的职场精英。很快,他的大学一年级就在纷纭而至的各种学生活动中度过了。期末成绩出来,柯文大吃一惊,每门功课都在及格线上一点,这让一直在高中时代排名前三位的他产生了一种巨大的挫败感,甚至怀疑自己是否选错了专业。他的专业是平面设计,因为听说平面设计专业的毕业生"很赚钱",所以一直坚信自己毕业后可以找到一份收入很高的工作,或者自己创业当老板。进入大学二年级的柯文,自信心在一点点消失,感觉自己成绩平平,没有什么竞争力,也不知道自己这个专业能找什么工作。柯文创业的想法一提出来就被家人否定了,家人认为他应该先找一个稳定的工作。

思考与讨论
（1）你遇到过与柯文类似的烦恼吗？
（2）对于未来的职业世界，你了解多少？
（3）当有柯文这样的困惑时，你会怎么做？

一、职业环境分析

（一）什么是职业环境分析

职业环境分析就是认清所选职业在社会大环境中的发展状况、技术含量、社会地位，以及社会发展趋势对其的影响，包括职业发展趋势、职业内涵中的五个因素（社会分工、专门知识技能、创造财富方式、报酬水平、满足需求的程度）发展变化的趋势。

（二）职业环境分析的作用

通过职业环境分析，可以弄清楚职业环境对职业发展的要求、影响及作用，对各种影响因素加以衡量、评估并做出反应。大学生应该关注当前的热点职业，了解其发展前景，以及社会发展趋势对所选职业有什么影响。总体来说，职业环境分析包括四个方面的内容：社会环境分析、行业环境分析、组织环境（包括学校环境、家庭环境、企业环境）分析与岗位环境分析。

二、职业环境分析的主要内容

（一）社会环境分析

社会环境主要包括政治、经济、文化、科技等方面的发展环境。所谓社会环境分析，就是对我们所处的社会政治环境、经济环境、文化环境、科技环境等宏观层面的职业环境进行分析。社会环境对我们的职业生涯乃至人生发展都有重大的影响。在进行职业规划和职业选择时，通过对社会大环境（包括国际、国内与所在地区三个层次）的分析，来了解和认清国际、国内和自己所在地区的发展情况及相关政策要求。要注意分析社会环境的基本特点，了解社会环境的发展变化，还要认识在社会环境条件中自己今后走向职业岗位的有利条件和不利条件，以更好地寻求各种发展机会。

1. 政治环境

政治与经济是相互影响的。政治不仅影响国家的经济体制，而且影响企业的组织体制，从而直接影响个人的职业发展。影响职业的政治因素包括政治体制、经济管理体制、人才流动政策等，如有关公务员招聘的规定、现行的户籍制度、人事制度及有关大学生就业的政策等。

2. 经济环境

经济环境对人的职业生涯发展也会产生影响。当经济发展非常景气时，百业兴旺，就业渠道增加、薪资提升和职业发展的机会大增；反之就会使人的职业发展受阻。对区域而言，地域环境不一样，地方经济水平不同，文化环境也就不同，人才储备、发展空间、竞争状态更是不同。选择在经济发达城市或经济落后的城市就业各有利弊。大学生应结合自己的实际情况，综合考虑区域优势，选择适合自己的区域。

3. 文化环境

文化通常是在一定社会形态下的教育水平、道德规范、宗教信仰及世代相传的风俗习惯，是体现国家或地区社会文明程度的精神财富的总和。在良好的社会文化环境中，个人在工作、学习、生活等方面能够得到更好的教育和熏陶，从而为职业发展打下良好的基础。

4. 科技环境

科技的发展会带来理论的更新、观念的转变、思维的变革、技能的补充等，而这些都是在职业生涯规划中不可或缺的要素。科学技术对职业生涯规划的影响主要体现在自动化和产业结构调整两个方面。

（二）行业环境分析

行业环境分析是指对目前从事或拟从事的目标行业的环境进行分析。其内容主要包括行业的发展状况，国际、国内重大事件对该行业的影响，目前行业的优势与问题，行业发展趋势等。

行业与职业不同，行业是企业的集合。从事同类产品的生产销售企业或提供类似服务的企业达到一定的数量才形成一个行业。例如，家电行业，就包括生产电视机、空调、冰箱、洗衣机等不同类型具体产品的若干家企业。求职者在同一行业内，可以从事不同的职业。例如，同在保险业，可以做保险业务员，也可以做人力资源部经理。

在分析行业环境时，一定要结合社会大环境的发展趋势。科学技术飞速发展，会使某些行业逐渐萎缩、消亡，也会有许多极具发展前途的朝阳行业不断出现、发展起来。同时，还要注意国家政策的影响，要了解国家对某一行业是支持、鼓励和引导，还是限制、控制和制约。例如，我国近年来狠抓环境保护，推行可持续发展战略，保护生物多样性，在农业生产中控制化学制品的使用，开发"绿色食品"，使环境保护产业如初升朝阳，环保设备生产、环保技术咨询等行业迅速发展，提供了大量就业岗位。这时，如果不了解情况，为了一时利益，盲目进入那些污染严重的行业谋职，就会给自己的职业生涯造成消极影响。

（三）家庭环境分析

每个家庭的经济状况、家庭成员的受教育程度和职业地位、社交范围、家庭对子女的要求等情况是完全不同的。家庭背景具有不同的层次，对大学生的择业观念和行为都有不同程度的影响。有些家长可能把自己的就业意识强加在子女身上，为子女设计职业规划。对于经济状况较差的家庭来说，大学生毕业时，必须把就业和改善家庭经济生活综合起来考虑。

一部分大学生在职业选择上就结合了家长的意见。大学毕业后，大学生面临具体的职业选择。大学生专业知识较为丰富，职业意识也更加明确，心理正在日渐成熟，对家庭的心理依赖也就大为减弱。但是，作为大学生的后盾，家庭对大学生职业选择的影响不会从根本上消失。当子女在职业选择道路上犹豫不决时，父母对子女的职业选择将产生重要影响。在相互介绍家人的职业时，你可以发现，对于外部职业世界不甚了解的大学生，也会受到家人职业观念的影响。例如，有的同学说："我家里人现在从事什么样的职业，我毕业后也要去做这样的工作。"

（四）学校环境分析

社会上的教育活动都会对教育产生某些积极的或消极的影响，这些教育活动包括家庭教育、大学前教育和大学教育等。另外，社会教育和自我教育也会对大学生择业决策造成影响。我们应该认识到，大学生受到的不同阶段的教育具有互补性。各种教育相互交叉和渗透，可以促进大学生整体素质的提高。因此，大学生应当自觉认识到自己成长的环境与受教育的条件对个性形成的影响，并通过主观努力，改变自身不利因素，全面提高素质，为求职择业创造更加有利的条件。

学校教育使大学生在德、智、体、美等方面都得到了发展，思想道德、智能、创新、身体、审美等素质都达到了一定的水平，一般都能初步树立正确的职业理想。学校对大学毕业生进行就业教育和指导，引导大学毕业生在国家政策轨道上参与择业竞争，通过双向选择实现就业。

知识拓展

职业资格证书制度

《中华人民共和国劳动法》（以下简称《劳动法》）第 69 条规定："国家确定职业分类，对规定的职业制定职业技能标准，实行职业资格证书制度，由经备案的考核鉴定机构负责对劳动者实施职业技能考核鉴定。"《中华人民共和国职业教育法》（以下简称《职业教育法》）第 11 条规定："实施职业教育应当根据经济社会发展需要，结合职业分类、职业标准、职业发展需求，制定教育标准或者培训方案，实行学历证书及其他学业证书、培训证书、职业资格证书和职业技能等级证书制度。国家实行劳动者在就业前或上岗前接受必要的职业教育的制度。"这些法律确定了国家推行职业资格证书制度和开展职业技能鉴定的法律依据。

职业资格证书制度是劳动就业制度的一项重要内容，也是一种特殊形式的国家考试制度。它是指按照国家制定的职业技能标准或任职资格条件，通过政府认定的考核鉴定机构，对劳动者的技能水平或职业资格进行客观公正、科学规范的评价和鉴定，对合格者授予相应的国家职业资格证书。它是劳动者求职、任职、开业的资格凭证，是用人单位招聘、录用劳动者的主要依据，也是境外就业、对外劳务合作人员办理技能水平公证的有效证件。职业资格证书与学历证书不同，学历证书主要反映学生学习的经历，是文化理论知识水平的证明；职业资格与职业劳动的具体要求密切结合，更直接、更准确地反映了特定职业的实际工作标准和操作规范，以及劳动者从事该职业所达到的实际工作能力水平。

根据《劳动法》和《职业教育法》的有关规定，从事技术复杂、通用性广，涉及国家财产、人民生命安全和消费者利益的职业（工种）的劳动者，必须经过培训并取得职业资格证书后才可以就业上岗，如会计证、报关员证、导游证、教师证等。

国家职业资格证书分为五个等级：初级技能（职业资格五级）、中级技能（职业资格四级）、高级技能（职业资格三级）、技师技能（职业资格二级）和高级技师技能（职业资格一级）。职业资格证书是国家对劳动者职业（工种）学识、技术、能力的认可，是劳动者具有从事某一职业必备的学识和技能的证明。它是劳动者求职、任职、毕业前上岗的资格凭证，是用人单位招聘、录用劳动者的主要依据，也是境外就业、对外劳务合作人员办理技能水平公证的有效证件。

开展职业技能鉴定，推行职业资格证书制度，是落实党中央、国务院提出的科教兴国战略方针的重要举措，也是我国人力资源开发的一项战略措施，对于提高劳动者素质、促进劳动力市场建设、促进经济发展都具有重要意义。

课后作业

模拟举办答辩会。将调查同一职业或行业的学生组成一个答辩小组，每组成员数量尽量均衡，部分学生可作为大众评审团成员。在教室里设立三方席位，中间为评委席、左边为评委商议席、右边为等候席。

答辩顺序：

第 1 组在讲台前答辩，第 2 组担任评委，第 3 组等候。第 1 组答辩完，第 2 组移到评委商议席为第 1 组评出成绩；第 3 组到前面继续答辩，第 1 组到评委席，第 4 组到等候席，后面的依次跟上。

每组选 1~2 名成员参考"行业探索要素"和"职业探索要素"清单，对本组搜集的资料进行答辩。时间为 15 分钟，自己陈述 8 分钟，评委提问和回答 7 分钟。评委针对答辩组呈现的内容与"行业探索要素""职业探索要素"清单的符合程度打分。

除了打分和提问，评委还要负责计时和写评语，同时请每位同学完成对现有的职业环境的分析。

第三节　职场初探

一、职业咨询指导

职业咨询指导是通过提供职业信息等帮助大学生增进对职业了解的方法。大学生职业探索方面的许多问题都源于缺乏对职业的广泛而深入的了解。职业咨询服务通常是职业指导者以讲座、座谈或交流活动等形式向大学生全面深入地介绍社会上的职业状况，包括各种职业的性质、条件及发展机会等。在介绍各种职业信息时，指导者通常会结合当事人本身具体情况进行说明与分析，这种方法的效果一般比较好。

二、媒体资源

（一）网络资源

利用网络资源可以获取招聘信息，还可以了解职业环境，有助于大学生进行职业生涯规划决策。大学生可以通过互联网获取很多信息，如用人单位的行业排行、基本概况、发展状况、用人标准等。

（二）书籍报刊

无论是文学作品，还是专业报刊，都能提供一些职业方面的信息，例如，《达·芬奇密码》描述了什么是密码专家；《温州一家人》讲述创业者的艰辛；《21世纪人才报》《中国大学生就业》《成才与就业》等专业报刊也有许多具有专业性、指导性的资料和文章，这些都可以让大学生直接受益。

（三）视频资料

电视节目、影视作品等都是观察职业的生动窗口。例如，《非你莫属》《职来职往》等栏目，从更直接的角度描述了职场发展的状况和职场人的面貌。另外，一些影视作品也能帮助大学生感受到职业的气息，如《律政俏佳人》中的律师、《我最好朋友的婚礼》中的品尝家等。但是，需要注意的是，影视作品中的职场与现实生活中的职场并非完全等同，有许多艺术化成分。

三、行业参观、社会实践、职业体验与就业实习

（一）行业参观

每年都会有许多行业展览和人才交流活动。如果你已经确定了某些职业目标，参加相关的行业展览和人才交流活动就是了解它们的有效途径。在这个过程中，你不仅能够看到不同企业的面貌，还能感受到它们的发展前景。如果有条件，你还可以到企业进行参观，现场考察，掌握第一手资料。

（二）社会实践

要想真正了解一个职业，最好的办法就是亲自去体会。对于在校大学生而言，做兼职工作等形式的社会实践是很好的选择。当然，这种社会实践应该是与自己想从事的职业相符或相关的。这种非正式的体会方式，可以帮助你更清楚地认识到该职业是否真的适合自己，还可以为自己以后真正从事该职业积累经验。

（三）职业体验

职业体验是指大学生结合专业特点和自己的职业兴趣，以职业认知、体验为目标，通过对自己希望从事的职位、岗位的了解、观察和体会，深入客观地认识该职业岗位。职业体验的内容主要有以下两个方面。
（1）对该职业、岗位工作具体内容的了解。
（2）对该职业、岗位对人才的专业知识、技能和职业素质要求的认识。

（四）就业实习

大学生可以利用寒假和暑假主动联系用人单位进行实习，走进企业，将自己所学的知识

运用到实际工作中去，并在实际工作中检验自身所学，找到与职场要求之间的差距，加强对职场的认识和理解，增加阅历，积累经验，增长才干，用在职场中的所学所感指导自己的职业生涯规划。

四、职场人士访谈

了解职场社会，对职场人士进行访谈，是最直接、最易操作的一种方式。大学生可以根据自己的专业或者兴趣选择不同职场人士进行访谈与调查，借鉴他们的成功经验，吸取他们的教训，避免今后走弯路。大学生可以将他们的职业生涯规划与自己的职业生涯规划进行比较，不断地调整自己的职业生涯规划。

（一）职场人士访谈流程

（1）认识和了解自我。
（2）寻找职场人士。
（3）结合目标信息设计访谈方案。
（4）预约职场人士。
（5）实地采访职场人士。
（6）分析访谈结果。

职场人士访谈问题清单如表3-3所示。

表3-3 职场人士访谈问题清单

职业资讯方面	职业生涯经验方面
1. 工作性质、任务或内容 2. 工作环境、工作地点 3. 所需教育、训练或经验 4. 所需个人资历、技能 5. 薪资、福利 6. 工作时间 7. 相关就业机会 8. 进修和升迁机会 9. 组织文化和规范 10. 未来发展前景	1. 个人教育或训练背景 2. 进入该职业的决策过程 3. 职业生涯发展历程 4. 工作心得、乐趣和困难 5. 对工作的看法 6. 获得成功的条件 7. 未来规划 8. 对后进者的建议

（二）职场人士访谈问卷

1. 工作中典型的一天

请叙述你在工作中典型的一天。
下班后，你会带着工作回家吗？请说明原因。

2. 相关的职业

（1）和这个职业有密切相关的其他职业是什么？

（2）哪些相关职业需要具备相同的技巧和能力？
（3）在这个机构中有没有这些相关联的职业？

3. 大学中可修习的课程或工作经验

（1）对于想从事这个职业的年轻人，你建议他们应该有哪些兼职工作或前期工作经验？
（2）你认为学校中哪些课程对于准备从事这个职业的人特别有用？

4. 对未来的展望

（1）你如何展望这个职业的未来愿景？
（2）在这个公司或机构中，工作者的人数是在增加，还是在减少？
（3）在这个公司或机构中，就业的安全性如何？

5. 改变

（1）你认为这个职业在最近几年内会发生什么变化？
（2）我们应该如何应对这些变化？

6. 特殊难题和关注点

（1）对于未来考虑进入这个企业或机构的人，你认为有哪些特殊的难题、情况或挑战必须预先觉察？
（2）你如何解决这些难题或面对这些挑战？

7. 其他建议或资讯

（1）你会给准备进入这个企业或机构的年轻人什么建议或资讯？
（2）对于你熟知的这个企业或机构，我还应该再问其他哪些问题？

8. 再次拜访

如果将来需要更多的资讯或建议，我可以再和你联络或再来拜访你吗？

（三）注意事项

（1）牢记采访对象的称呼、所在单位名称。
（2）文明礼貌，守时，措辞得体简洁，不浪费对方时间。
（3）为自己准备"30秒广告"，因为在访谈过程中，对方可能问到你的职业兴趣和目标。
（4）给对方提供其他信息的机会。
（5）做好记录，若需录音、摄像，应先征得对方同意。
（6）若还不了解工作领域，可以再次提问。
（7）一定要迅速发送感谢信（采访结束后一天之内）。

（四）职场人士访谈报告

职场人士访谈报告模板如表3-4所示。

表 3-4 职场人士访谈报告模板

被访谈人简介			
姓名		工作单位	职务联系电话
访谈人	（签名）		
访谈时间			访谈地点
访谈内容			
访谈心得与收获			

课后作业

完成表 3-4 的访谈报告。

第四章 职业理想与职业定位

第一节 树立正确的职业理想

事实证明，当人们把职业理想作为自己职业生活中具体的奋斗目标时，其具体选择职业的行为将会受到积极的影响。一个人一旦确立了自己的职业理想，就会为具体的目标去积极奋斗，残疾大学生更加需要树立职业理想，以帮助自己在择业过程中找准目标和方向。

一、职业理想

理想是指人们对未来的一种合理的期望。职业理想是指人们在一定的世界观、人生观和价值观的指导下，对未来职业成就的追求和向往。职业理想随着社会的发展而变化，并以一定具体事业的成就来实现。职业理想具有以下特点。

（一）社会性

人的职业理想的社会性是由人的社会性决定的。人们提出和设定职业理想，是在一定的社会形态和一定的社会条件下进行的。实现职业理想也要取决于一定的社会因素，依赖特定的社会条件。

（二）时代性

任何时代的职业都受该时代的社会生产方式的发展水平制约。生产方式越先进，社会经济越发达，社会分工越精细，职业种类就越多；科学技术越先进，职业演变越迅速，人们选择职业的机会就越多，职业理想实现的可能性就越大。

（三）发展性

职业理想的发展性分为两个方面：一方面，随着年龄的增长、社会阅历的增强而逐渐由朦胧变为现实，由波动趋于稳定。另一方面，随着社会的发展和职业演变，职业声望和职业地位会发生变化，人们的职业理想也会发生变化。

（四）个体差异性

个体的政治思想觉悟、道德修养水准及人生观，决定一个人的职业理想的方向；个体的知识结构、能力水平，影响其对职业理想的追求；个人的性格、气质、情感、意志等非智力因素对其职业适应性和职业理想的形成有较大的影响；性别、身体等生理特质，使不同人的职业理想存在差异。

二、职业理想的形成

职业理想从产生、形成到发展、稳定，大约需要经过四个阶段。

（一）萌发阶段

这是童年时期形成的职业理想，主要以感性思维模式来认识周围世界，具有明显的模仿性、随意性和不稳定性。所以，残疾人在萌发阶段形成的职业理想相对来说与现实相距比较远。

（二）雏形阶段

青少年时期，随着身体的发育、生理和心理的变化、文化知识的增长、思维能力的增强、价值观念的形成，人对社会的复杂性逐渐有所认识，开始独立思考职业问题。但是，由于没有考虑到社会就业环境，加上个人知识和阅历不断积累，这种在雏形阶段的职业理想具有较大的可塑性。

（三）确立阶段

成人之后，个人的知识结构、专业技能等自身条件大体已经确定，对社会现实和自身情况也有切实的认识，能够以主观条件与社会需要相协调的观点来审视自己的职业理想。这个时期的职业理想处于具体确立阶段。但是，人在这一阶段对社会和自身的认识还不稳定，理想与现实的矛盾经常产生，因此处于不断调整阶段。

（四）调整稳定阶段

进入社会后，职业理想已被具体的职业岗位代替，这个职业岗位未必与原来的职业理想很好地吻合，难免要发生理想与现实的冲突。残疾人就业，就要在这种冲突中不断调整。残疾人需要更多地考虑社会需求，主动适应社会的需要，确定稳定的职业理想。

三、残疾大学生的职业理想定位

残疾大学生不想碌碌无为地度过一生，而希望在事业上有所建树，就必须合理地定位自己的职业理想。

（一）注重自身因素

自身因素包括外在因素和内在因素。外在因素主要是形象方面，有些残疾大学生因生理缺陷影响外在形象，择业时就要避开有形象要求的单位。内在因素指学识、能力。残疾大学生应从自身条件出发，正确认识自己，客观分析自己，对职业理想进行合理定位。

（二）考虑社会条件

社会条件包括就业形势、职业环境的发展变化，以及用人单位、劳动力市场的需求，残疾大学生在树立职业理想时应充分考虑职业发展空间，如政策、社会环境的影响。

职业理想的树立不是一朝一夕的事情，对残疾大学生来说，要学会适应与调整。特别是当理想与社会现实差距比较大时，要相应改变职业理想，不能做被动的观望者，要学会灵活就业。

四、职业理想定位的依据

当前，许多残疾大学生评价职业的主要参数是经济收入、社会地位及职业的稳定性等，这些都是很现实的条件。但是，功利色彩过浓，而忽视主观、客观条件的职业理想定位必定影响残疾大学生的职业选择及就业目标的实现。

（一）职业理想定位要符合社会需求

职业理想是一个人对职业的向往和追求。只有现实社会有对应的需求，而个人条件又符合标准时，它才能够实现。如果一个人的职业理想与社会现实之间存在矛盾，他的职业理想就难以实现，就需要自我修正。

（二）职业理想定位要从自身条件出发

职业理想定位要从个人素质、个性、特长等自身条件出发，不可过高，也不可过低。例如，残疾大学生尽量不要选择需要交际能力、体力的工作，而是选择一些技术性的工作。残疾大学生定位不能过高，如果脱离自己的实际能力，职业理想将成为难以实现的幻想，会给自己带来失望和痛苦；如果定位过低，自己的潜能得不到发挥，就失去了本可获得的更好的前程。

（三）职业理想定位要与正确的就业观相结合

残疾大学生走向社会，对于国内就业形势必须有足够的认识，绝不可把自己的职业理想作为择业的唯一标尺，不可等待就业安排。残疾大学生要根据客观需要和自身条件来调整自己的职业取向，向实际需要的职业岗位靠近。残疾大学生应当树立"先就业后择业""哪里有事业，就到哪里就业"的务实观念。

综上所述，残疾大学生在毕业择业时必须了解和把握"职业取向三前提"。
第一个前提：你想干什么（职业期望值的确定）。
第二个前提：你能干什么（职业素质的具备状况）。
第三个前提：就业环境允许你干什么（机会、条件、渠道是否具备）。
一个人的职业生活，就是这三个前提的有机结合。
事实上，在职业取向上，任何人并不能想干什么就一定能干什么，也不一定能干什么就会去干什么。残疾大学生只有在上述三个前提下，平衡和把握自己的职业取向，合理定位自己的职业理想，才有可能选择到合适的职业，尽快实现就业。

> **案例链接**

一年跳槽7次

王芸毕业于一所高等院校。起初,她在一家针织厂里做内勤工作,嫌条件艰苦,两个月后跳槽到一家机械公司。刚干了一个月,她又跳槽到塑料厂做包装……在近一年的时间里,王芸前后跳槽7次。她很郁闷地向老师抱怨:"天下乌鸦一般黑。"

【案例点评】

一年中多次跳槽的现象说明大学毕业生对自己的职业发展根本没有进行科学规划,对自己的职业取向不清楚,甚至连自己想干什么和能干什么都不清楚,今天想挣大钱,明天又想要轻松工作,后天又想当自由职业者。其实,心态调整好了,任何职业都可以做出成绩。如果认定一个目标,就最好坚持下去。而且,用人单位很忌讳用有"下家心态"的人,大学生应懂得"赢在心态"。

课后作业

请思考并回答以下问题。
1. 为什么要树立职业理想?
2. 职业定位对残疾大学毕业生有什么作用?

第二节 职业素养

职业素养是职业内在的规范和要求,是在工作过程中表现出来的综合品质,包含职业能力、职业道德、职业意识、职业行为规范等方面。

一、爱岗敬业是做好本职工作的基本前提

爱岗就是热爱自己的工作岗位,热爱本职工作,敬业就是要用恭敬严肃的态度对待自己的工作。爱岗敬业是中华民族的传统美德。敬业才能爱岗,只有爱自己的服务对象,才能忠于职守,乐于奉献。从业者如果不认同自己职业的价值和意义,就不可能拥有敬业、乐业的精神。爱岗是敬业的前提,敬业是爱岗的具体体现和情感表达。

二、诚实守信是立身做事之本

诚信是对职业态度的基本要求。从业者与服务对象之间,同行之间,要以诚相待,互相尊重,不弄虚作假,不坑蒙拐骗。诚实守信是一个人品德修养状况和人格高下的表现,是其能否赢得别人尊重和友善的重要前提条件。

三、办事公道是社会平等的充分体现

办事公道即办事公正合理，平等待人，不从私心杂念出发，不以权谋私，不搞小圈子，不拉帮结派。

四、服务社会能够体现职业价值

满足社会要求，维护社会大众利益，这是职业道德的目标、指向和最终归宿。我们要有群众观点，从社会利益和需要出发，急他人之所急，想他人之所想，使人们得到更多的实惠。

五、奉献社会可以实现个人价值

人生的价值在于奉献。从事任何职业都有对社会、对他人做出奉献的责任和义务。在社会分工越来越细的今天，每个人从事的工作都具有综合性、交叉性和层次性等特点，需要在职业活动中遵守职业道德，共同协作完成职业任务。大学生在毕业就业后，要按照职业道德要求为人做事，尽力使自己融入集体职业角色中，赢得社会的认可。

课后作业

扫描二维码4-1，学习"职业素质"相关内容，分享关于工匠精神的案例和体会。

职业素质

第三节　职业能力

职业能力是指在职业活动中人们顺利完成工作所需的能力，它是人们从事某种职业的多种能力的综合。

一、职业能力的分类

职业能力是多种能力的综合，我们可以把职业能力分为一般职业能力、专业能力和综合能力。

（一）一般职业能力

一般职业能力主要指一般的学习能力、文字和语言运用能力、数学运用能力、空间判断能力、形体知觉能力、颜色分辨能力、手的灵巧度、手眼协调能力等。此外，任何职业岗位的工作都需要与人打交道，人际交往能力、团队协作能力、对环境的适应能力，以及遇到挫折时良好的心理承受能力都是在职业活动中不可缺少的能力。

（二）专业能力

专业能力主要指对所学专业知识的运用能力、拓展能力，以及运用所学专业知识解决实际问题的能力。不同的专业有不同的专业要求，大学毕业生的专业能力主要体现为专业理论学习与实践运用能力。在求职过程中，招聘方对求职者最关注的就是是否具备胜任岗位工作的专业能力。

（三）综合能力

综合能力包括团队协作能力、人际交往和沟通能力、心理承受能力、解决实际问题的能力、应用信息技术的能力、自学与创新能力、语言表达能力等。

二、职业素质

人的素质包括先天素质和后天素质。先天素质是通过父母遗传因素获得的素质。

按照萨帕的理论，大学生正处在职业生涯的探索阶段，而残疾大学生社会交流少，很难客观认识自己。按照霍兰德人与职业匹配的理论，在确定职业方向之前，首先要了解自身特质和职业能力。

（一）自我评估

1. 自我评估内容

自我评估的主要内容是职业体力倾向、职业能力倾向和职业个性倾向三个方面，具体有以下评估内容。

（1）生理上的自我，即对一个人的相貌、身材、举止、语音的分析。有许多职业对人的生理提出了要求，如模特要求身高出众，播音员要求语音淳厚，运动员要求身体素质好，具有动作协调性。

（2）心理上的自我，即内在自我，指对一个人的性格、意志、自信、上进心、创造性与领导潜力、成就感等的评估。这些方面对一个人的职业选择、事业发展影响也非常大。

（3）理性自我，是一个人职业生涯中最重要的内容。例如，行为方式、思维方式、道德水准、价值追求，以及情商。

（4）社会自我，指对自己在社会中扮演的角色，在社会中的责任、权利、义务、名誉，以及社会对自我的评价等的评估。

2. 自我评估方法

自我评估方法多种多样，常见的有以下两种。

（1）心理学评估法。

心理学评估法就是通过心理测验对自我兴趣特长、性格、气质、情商、组织协调与人际关系等方面做出评估。

（2）管理学评估法。

管理学评估法有多种，常见的五步法，也称"5W法"，详见第六章的相关内容。

（二）环境评估

环境评估指从社会、组织和人际关系三个方面入手，找出自己所处环境的特点、发展变化情况、自己在环境中所处的地位、环境对自己的要求，以及环境对自身有利的因素和不利的因素，使自己的职业生涯规划既与环境的要求吻合，又趋利避害，使自己得到发展。

1. 社会环境评估

社会环境评估对残疾人尤为重要，是宏观环境评估，即正确认识和把握社会经济发展的客观规律，从而使个人的职业生涯规划与社会发展趋势合拍。大学生应该做到对社会环境的准确判断和评估，养成关心时事的习惯，更重要的是学会观察和分析社会现象，善于抓住本质，使自己在复杂的社会环境中站得高、看得远。

2. 组织环境评估

组织环境评估是中观环境评估，指正确认识和把握用人单位的发展前景和内部环境，不被眼前的利益迷惑。在一个专业符合度高、领导知人善用、企业文化优秀、发展势头良好的单位，个人发展前途一般不会太差。

3. 人际关系评估

人际关系评估是微观评估，指正确认识和把握组织内部的人际关系和自身个性特征与职业人际关系要求的适应程度。在一个人际关系紧张、互相钩心斗角的组织里，个人不仅难以取得成就，情绪和心理健康也会受到不良影响。另外，不同职业对人际关系的处理有不同要求，个人关系分析应着眼于以下三个方面。

（1）在职业发展过程中将与哪些人打交道？
（2）哪些人对自身发展具有重要作用？
（3）哪些人际关系因素对自己的发展具有不利影响，自己如何应对？

三、选择职业发展路线

残疾大学生如何才能做出正确的选择，走上适合自己的发展路线呢？
在职业生涯路线选择上，残疾大学生需要把握四个要素，即回答以下四个问题。

（一）想往哪一条路线发展

其核心问题是分析自我的价值取向，追求什么样的人生理想。

（二）适合往哪一条路线发展

其核心问题是分析个人资质和潜能，即个人具备的学历、智力和潜在能力。

（三）可以往哪一条路线发展

其核心问题是分析自我所处的环境，包括社会环境、组织环境等，甚至包括社会政治环境、经济环境，从而决定路径选择的许可度。

（四）是否存在迂回发展路线

其核心问题是分析自我面临的机遇与机遇的成熟度，从而为近期路径和中期目标的转换做出合理的安排。

案例链接

残疾大学毕业生通过努力实现创业理想

肢残大学生陈某从计算机专业毕业后，先干了五个月打字员，又干了半年印刷工。在熟悉打印、排版、印刷等全过程，又拥有一批固定客户后，他自办了一家小型印刷厂。以印刷厂为依托，他又创办了打字员培训班。自此，一发不可收，他先后创办了计算机公司、计算机培训学校，实现了自己的理想。

四、正视现实，规划自我

（一）面对社会中的不平等现象，多点宽容

影响残疾大学生就业的主要因素是就业歧视。当前，社会已经有很大进步，人们的思想观念都有很大提高。但是，由于历史因素，由于人们在文化修养、道德水准、经济实力等方面的不平衡，整个社会对残疾人的认识自然存在差异。在这种情况下，残疾人应该怎样实现自己的价值？残疾人要意识到如何与社会沟通，如何主动去适应社会。残疾人要不断地修正自己的目标和价值观。残疾人要融入社会，只有这样，社会才会接纳你。

残疾人要放眼社会，多看生活中的真善美。事实上，随着党和政府对残疾人事业的重视，以及残疾人事业的发展进步，新的残疾人观正在被人们接受。人一生中有12%的时间是处于老年和残疾状态，所以"残疾"作为一种常态观念正逐渐被人们接受，扶残助残的风尚得到弘扬，全社会对残疾人事业的理解、尊重与支持的氛围正在形成。尊重残疾人的人生价值，维护残疾人的合法权益，为残疾人排忧解难，逐步成为社会大众的共同行动。这就为残疾人"平等、参与、共享"提供了有力的保障。

因此，面对现实生活中客观存在的一些消极因素，残疾人要学会坦然面对，不要有太多的抱怨，更不能自卑和自闭。

（二）理性分析自身的长处与缺陷，多点自信

残疾是与生俱来的，是改变不了的。因此，我们没有必要抱怨：凭什么我是残疾人？凭什么他是健全人？既然命运如此，我们就应该正视它的存在，积极面对。

残疾人虽然存在一些缺陷，选择自强和拼搏，仍然有成功的机会。我们应该敢于承认自己的缺点，积极努力超越自身的缺点，甚至可以把它转化为发展的机会。

舞蹈《千手观音》是听障女孩邰丽华带领20位听障演员排演的，感动了全国，走红大江南北。她们是残疾人，她们的成功首先来自信心，在信心建立之后，新的机会随之而来。

美国总统罗斯福成功靠的是什么？他的成功靠的是不屈不挠的意志和坚定的自信心。因为身体有缺陷，他更加努力奋斗，不因同伴的嘲笑而丧失勇气。他以积极的心态坦然处之，聪明才智和无穷的创造力得到淋漓尽致的发挥。假如他面对身体的缺陷而认输，那就肯定是一个默默无闻的人。

任何一个事业有成的人，都不断调整自己的心态，把积极心态与确定的目标和其他积极因素结合起来，不屈服于各种压力，战胜恶劣条件，从而到达成功的彼岸。

（三）提高自身参与竞争的能力，多元自立

一个人受教育的程度决定其就业命运。工作场所需要多面手，生存技巧与职位高低没有多大的关系，而与能力和业绩有很大关系。

残疾大学生要拓宽专业领域，突出职业性和技术性；提高自信心，培养合作意识和能力，培养勇于克服困难、耐受挫折的能力，培养创新、创造、创业意识和能力；注重文化基础和整体素质的提高，提高学习能力和持续发展能力；把就业和职业康复结合起来；要调整就业预期，转变就业观念，树立以创业为主的就业观念，立足于在岗位成才。

残疾大学生经过生活的磨炼，往往更加珍惜来之不易的机会，在工作中更加刻苦、更加努力、更有韧性，这是残疾大学生的一些优势。但是，面对激烈的竞争，残疾大学生也要转变观念，不能认为自己是残疾人，又掌握了一技之长，只有找到一个好单位，才叫公平，也不要以为只有到政府部门、国有企业工作才算就业。残疾大学生要树立正确的择业观，摆正位置，"自尊、自信、自强、自立"，以健康的心态、过硬的本领、良好的素质、奋发向上的精神风貌投入社会实践中。

案例链接

让自己成为"金子"

28岁的韩芳，一岁半时发高烧，导致右腿失去知觉，成了残疾人。1984年，韩芳中考成绩名列全县第一名，但师范学校的专业体检将他拒之门外。1987年，韩芳参加高考，再次位居全县榜首，没想到报考的图书馆专业也不接收他。就在韩芳绝望之际，一所高校录取了他。韩芳不仅走进了梦想中的大学殿堂，而且在4年后又以临床类专业第一名的成绩考取了北京医科大学内科临床硕士、博士连读研究生。现在，韩芳已经是北京大学人民医院呼吸科副主任。从韩芳的事例可以看出，有过硬的本领、良好的素质、奋发向上的精神风貌，必定会使"金子"发光。

课后作业

1. 请评估一下自己具备的职业能力。
2. 你就读的专业要求学生具备哪些职业素养？
3. 你认为适合自己的职业方向是什么？

第五章

职业生涯决策——优势赋能

每个人在其职业生涯中经常会面临多种选择，许多时候决策能力和方法不一样，结果也不同，人生命运自然不一样。本章将从职业生涯决策的意义、类型、原则、方法和步骤等方面进行系统介绍，帮助同学们了解职业生涯决策的分类、任务及流程，掌握职业生涯决策的原则和方法。根据自我特质、职业特质和环境特质做出决策，从而改变职业生涯发展的不确定性状态，提高职业定位，是本章的终极目标之一。职业生涯决策技能表现为了解选择专业、升学、选择职业时的标准，明确教育与职业决定对个人职业生涯发展的影响，确认影响决定的个人与环境因素，能够做出有效的决定，能够探索决定的潜在影响。

第一节 职业生涯决策的内容

案例导入

父子与驴

从前，有一位父亲带着儿子去市场卖驴。驴走在前头，父子俩随行在后。村里的姑娘们看了都笑他们："真傻啊，骑着驴去多好。"父亲点头称是，就让孩子骑在驴上，自己跟在旁边走。

这时，对面走来两位长者，朝他喊："喂，现在就这么惯孩子，将来还得了！应该叫他走路，你骑驴！"父亲觉得有道理，就让孩子下来，自己骑在驴背上。孩子跟在驴后面，蹒跚地走着。

走着走着，他们又碰见一个孕妇。孕妇用责备的口吻说："哎哟，世间竟有这么残酷的父亲。自己轻轻松松地骑在驴背上，却让那么小的孩子东倒西歪地跟在后头，实在可怜啊！"

父亲红了脸，点头赞同，于是叫孩子也骑到驴背上，朝市场的方向前进。

驴同时要驮两个人，渐渐地感到吃力。好不容易走到一座佛寺前，驴喘了一大口气。寺前一个和尚见状忙说："施主，等一下。让那么弱小的动物驮两个人，太可怜了。你们要去哪里呢？"

"我们正要带这头驴去市场卖呀！"

"咳，我看你们还没走进市场，驴就累死了。你们两个人可以扛着驴过去啊！"

父子俩立刻从驴背上跳下，把驴的脚绑起来，用棍子扛起驴朝前走。父子俩摇晃着走到一座桥上。

父亲说："孩子，市场快到了，再忍耐一会儿吧。"

就在这时，棍子"啪"的一声折断了。驴掉进河里被急流冲走了。

"哎，怎么会这样呢？我们该怪谁呢？"父子俩哀叹道，只好垂头丧气地走回家。

思考与讨论

请同学们分组讨论这位父亲的决策出了什么问题。

（1）你在做决定的时候跟这位父亲相像吗？

（2）你在做决定的时候会被他人的意见左右吗？

（3）这位父亲的决策风格有什么坏处？

一、职业生涯决策的含义

狭义的职业生涯决策就是从几个备选的职业方案中选择一个确定方案的环节。具体来讲，狭义的职业生涯决策是指为达到一定的目标，从两个以上的可行方案中选择一个合理方案的分析判断过程，是决策者经过各种考虑和比较之后，对应当做什么和应当怎么做所做的决定。

狭义的职业决策由以下三部分组成。

（1）明确目标。

（2）确定可选方案。

（3）挑选最终方案。

对于大学生来说，职业生涯决策的核心在于根据自身特点和社会需要做出合理的职业方向抉择，即进行职业定位的过程。这个过程包括职业生涯起点、职业生涯路径的选择与确定，涉及自我了解，以及对于职业世界的认识和体验。因此，职业生涯决策的过程是一个整合的过程。

二、职业生涯决策的原则

（一）择己所爱（喜爱）

兴趣是最好的老师，是成功之母。调查表明，兴趣与成功概率有着明显的正相关性。从事一项自己喜欢的工作，工作本身就能带给你一种满足感，你的职业生涯也会由此变得妙趣横生。

（二）择己所能（能力）

任何职业都要求从业者掌握一定的技能，具备一定的能力和条件。而一个人一生中不能将所有技能全部掌握，所以在进行职业选择时必须择己所能，选择能够最大限度地发挥自己价值的工作。在做职业决策的时候，一定要清晰地认识自己，包括自己的个性特点和能力特征，也包括自己的生理素质、教育背景和职业效能，目的在于发现自己真正适合干的工作。

（三）择他所需（需要）

社会的需求在不断演化，旧的需求不断消失，新的需求不断产生。新的职业也在不断产生。但是，择业时要考虑到特定的环境条件和时代要求，不能脱离社会现实、孤立地追求自我，要么就产生"天下无容我之地"的感觉，要么做出错误的选择。

（四）择己所利（有利）

职业是个人谋生的手段，其目的在于追求个人幸福。在择业时，首先应考虑的是自己的预期收益，个人幸福最大化。明智的选择是由收入、社会地位、成就感和工作付出等变量组成最优项目。这就是职业生涯决策时的收益最大化原则。

课后作业

1. 扫描二维码 5-1，学习"职业决策"的内容。
2. 与同学讨论自己属于哪一种决策类型，罗列出自己的决策特点。

职业决策

第二节　职业生涯决策的方法与步骤

案例导入

苏格拉底的故事

古希腊哲学家苏格拉底的三个弟子曾向老师求教，怎样才能找到理想的伴侣。苏格拉底没有直接回答，而是让他们走向麦田坡，只许前进，而且仅给他们一次机会选择一支最大的麦穗。

第一个弟子没走几步就看见一支又大又漂亮的麦穗，高兴地将其摘下了。但是，他继续前进，发现前面有许多麦穗比他摘的那支大，只得遗憾地走完了全程。

第二个弟子吸取了教训。每当要摘麦穗时，他总是提醒自己，后面还有更好的。当快到终点时，他才发现机会全错过了。

第三个弟子吸取了前两个弟子的教训。当他走到三分之一时，就分出大、中、小三类麦穗，再走三分之一时验证是否正确，等走到最后三分之一时，他选择属于大类中的一支美丽的麦穗。

思考与讨论

（1）请同学们分组讨论，你更像这三个弟子中的哪一个，举例说明。
（2）对照自己以往的经历，如果某次决定不够合理，让你重新选择，你将如何选择？

随着社会的发展和变迁，现代人择业的自主性越来越大。如何根据企业的需求和个人的特质确定进入的行业和变换职业，是求职者不得不面对的问题。在职业生涯决策中，较为常用的方法与工具有SWOT分析法和决策平衡单。

一、SWOT 分析法

SWOT 分析法被引入职业生涯决策领域后，不仅受到了使用者的普遍欢迎，而且逐渐形成了简洁、直观的 SWOT 决策模型。使用 SWOT 决策模型，应遵循以下四个步骤。

（一）评估自己的优势和劣势

每个人都有自己独特的天赋和能力。首先，在优势分析和劣势分析的开始阶段，我们可以回想自己喜欢做的事情，尝试列举一些具体的词汇来描述自己，出现频率较多的特征词汇就构成了主要的优势和劣势。其次，我们可以借助一些职业测评工具来帮助自己客观地认识自我，或者请求他人帮助诊断，如同学和老师的评语等，这些都是有价值的信息反馈，还可以求助于职业辅导专家。

（二）找出外部的机会和威胁

不同的人和行业（包括这些行业里不同的企业）都面临不同的外部机会和威胁，找出这些外部因素可以帮助你成功地进行职业生涯规划和求职，因为这些机会和威胁会影响你的第一份工作和今后的职业发展。请列出自己感兴趣的一两个行业（例如，保健、金融服务、通信），然后认真评估这些行业面临的机会和威胁。

（三）做出职业生涯决策

根据对自我和外界环境的分析，选择自己从事的职业。构建一个 SWOT 分析模型，列出从学校毕业后最想实现的 4～5 个职业目标。根据优势、劣势、机会和威胁，确立最符合自己实际情况的职业生涯发展目标。时刻牢记：必须竭尽所能地发挥出自己的优势，使之与行业提供的工作机会完满匹配。职业选择正确与否，直接关系到人生与职业发展的成败。

（四）制订职业行动计划

在完成 SWOT 分析后，便可以制订相应的职业行动计划。制订职业行动计划的基本思路是发挥优势，克服劣势，利用机会，化解威胁。运用系统分析方法，将各种因素相互匹配，加以组合，便可以得出可选择的对策。这些对策包括以下四种。

1. 考虑劣势和威胁因素

使这些因素都趋于最小。例如，成绩不好，就必须更努力学习；某种职业需要丰富的实践经验，就要多参加实习和社会活动。

2. 考虑劣势和机会因素

使劣势趋于最小，使机会趋于最大。例如，专业水平不高，但某种职业需要复合型人才，那么可以着重培养自己的综合素质。

3. 考虑优势和威胁因素

努力使优势趋于最大，使威胁趋于最小。例如，拥有丰富的专业知识和技能，但在同专业学生中不算突出，就要发现自己的优势，增强竞争力。

4. 考虑优势和机会因素

努力使这些因素都趋于最大。例如，对某个职业兴趣比较浓厚，在这个职业领域又有较广泛的人际关系网络，则应抓住机会展示自己的才能。

职业生涯决策的 SWOT 分析模型如表 5-1 所示。扫描二维码 5-2 学习 SWOT 的内容。

SWOT 分析

表 5-1 职业生涯决策的 SWOT 分析模型

	SWOT 分析	
内部个人因素	优势：你可以控制并利用的内在积极因素。 我最优秀的品质有哪些？ 我应该学习什么？ 我曾经做过什么？ 我最成功的经历是什么？	劣势：你可以控制并努力改善的内在消极因素。 我的性格弱点是什么？ 我有哪些失败的经历？ 我欠缺的经验有哪些？
外部环境因素	机会：你不可控制，但可利用的外部积极因素。 社会大环境有利于所选职业发展吗？ 你向往的企业在本行业中的地位与发展趋势如何？ 哪些人能对自己的职业发展起到帮助作用？	威胁：你不可控制，但可以弱化的外部消极因素。 专业领域的发展有限吗？ 就业形势是否严峻？ 同专业的大学生竞争者实力如何？ 具有丰富技能、经验的竞争者是否更有优势？
总体鉴定（评估你制定的职业生涯发展目标）		
职业行动计划		

二、决策平衡单

决策平衡单经常被用于解决问题和职业咨询，用于协助咨询者有系统地分析每一个可能的选项，判断分别执行各选项的利弊得失，然后依据其加权分数排定各个选项的优先顺序，以执行优先或偏好的选项。

（一）决策平衡单的内容

（1）自我物质方面的得失。
（2）他人物质方面的得失。
（3）自我赞许与否。
（4）社会赞许与否。
（5）其他相关要素。

（二）职业决策平衡单

很多人在遇到职业选择问题时会感到困惑，因为每个决策都对人生具有至关重要的作用。与其在茫然中挣扎，不如拥有正确的、科学的方法，恰当地权衡得失。职业决策平衡单可以帮我们更好地进行有效的决策。

1. 职业决策平衡单模板

职业决策平衡单模板如表 5-2 所示。

表 5-2　职业决策平衡单模板

序　号	考虑项目 （加权范围 1~5 倍）	第一方案	第二方案	第三方案	第四方案	第五方案	……
1	适合自己的能力						
2	适合自己的兴趣						
3	符合自己的价值观						
4	满足自己的自尊心						
5	较高的社会地位						
6	带给家人声望						
7	符合自己理想的生活形态						
8	优厚的经济报酬						
9	足够的社会资源						
10	适合个人目前处境						
11	有利于择偶，以建立家庭						
12	未来有发展						
合　计							
得失差数							

2. 职业决策平衡单制作方法

（1）在第一行列出所有选择。

（2）在"考虑项目"一列中，根据个人关注的内容，填入在选择中需要考虑的因素。

（3）将表的各项内容加权计分。

注意：每个项目的得分或失分，可以根据该方案具有的优势（得分+）、劣势（失分-）来回答，计分范围 1~10 分。给每个"考虑项目"赋予权重，其重要性因人、因时、因地而不同。对于此刻的你来说，可以根据"考虑项目"的重要性与迫切性，给它们乘上加权数，加权范围 1~5 倍。

（4）合计每个方案的优势总分和劣势总分，正负相加，算出客观的得失差数。

注意：根据自己的真实想法作答，才能正确评估每个方案对自己的重要性。

课后作业

1. 到网上搜集一些职业生涯决策案例。
2. 结合自己的实际情况进行 SWOT 分析。
3. 完成对自己的总体鉴定和职业行动计划。
4. 结合自身实际情况进行职业决策平衡单分析。

第六章 职业生涯规划——明确目标

大学阶段只是职业的准备期,做好自己的发展规划,可以为未来的职业发展打下坚实的基础。

职业生涯规划的原则是对内容与方法进行抽象处理,进行职业生涯规划的步骤与方法并不是一成不变的,不同的人可以采用不同的方法与步骤。

一些用人单位认为,大学生的社会实践少,实际解决问题的能力弱,只学到书本知识,没有掌握学习方法,缺乏团队精神、人际沟通能力;对自我认识不全面,而且多数对未来职业发展的认识很盲目,更谈不上科学规划。因此,大学生对未来的职业发展进行规划十分必要,每个大学生都应该有一份职业生涯规划书。

第一节 职业生涯规划书的制定

案例导入

人伟大是因为目标伟大

一位哲学家到一个建筑工地,他分别问三个正在砌砖的工人:"你在干什么?"

第一个工人头也不抬地说:"我在砌砖。"

第二个工人抬了抬头说:"我在砌一堵墙。"

第三个工人热情洋溢、满怀憧憬地说:"我在建一座教堂!"

听完回答,哲学家马上就判断出了三个人的未来。

第一个工人眼中只有砖,他一辈子能把砖砌好就很不错了。

第二个工人眼中有砖,心中有墙,好好干或许能当一位工长或者技术员。

唯有第三个工人必有作为,因为他有"远见",他的心中有一座教堂。

思考与讨论

通过对职业生涯规划知识的学习,我们已经对职业生涯规划有了一定的认识。每 5~6 人一组,回顾以前学过的职业生涯规划知识,并讨论职业生涯规划书如何制定,以及它有什么作用、制定时应该注意什么。

一、职业生涯规划书的基本类型

职业生涯规划作为个人发展规划，具有鲜明的个性，没有统一的格式，只要能反映职业生涯规划的内容、符合自身要求就可以。职业生涯规划书的类型主要有文本式、表格式、条例式等。

（一）文本式

在一般情况下，文本式职业生涯规划书包括职业理想、自我认识、对职业与环境的认识、职业目标、实施方案及遇到障碍的对策等内容。这种职业生涯规划书能对个人的职业生涯做出详细、完整、全面的分析与阐述。文本式职业生涯规划书的写法分为自我规划五步法、三段式分析法和阐述法三种。

（二）表格式

表格式职业生涯规划书主要包括两部分，即表头和规划内容栏。表头是规划人的基本信息，内容栏以呈现目标和实施要点为主，内容不是固定不变的，可以根据个人情况进行调整。这种职业生涯规划书是不完整的，只是相当于一份完整的职业生涯规划书的方案实施部分。它仅有最简单的目标、分段实现时间、职业生涯机会评估和发展策略等几个部分。

表格式职业生涯规划书如表 6-1 所示。

表 6-1　表格式职业生涯规划书

姓名		性别	
年龄		学历	
所学专业		流动意向	
职业选择			
人生目标：			
岗位目标：			
职务（职称、技术等级）目标：			
收入目标：			
社会影响目标：			
实现人生目标的要点：			
长期目标：			
岗位目标：			
职务（职称、技术等级）目标：			
收入目标：			
社会影响目标：			
重大成果目标：			
实现长期目标的要点：			
签名：		职业生涯规划日期： 年 月 日	

（三）条例式

条例式职业生涯规划书虽然能够罗列出个人职业生涯规划的主要内容，但大多数只是进行简单的表述，没有详细的材料分析和评估，文章虽然精练，但逻辑性和说理性不强，不太符合完整的职业生涯规划文案要求。

二、职业生涯规划书写作的基本要求

（一）资料翔实，步骤齐全

搜集资料有多种途径，可以通过访谈、摘抄报刊图书内容、从网络下载等方式获取资料。要尽可能注明资料的出处，并多运用图表数据说明问题，以提高资料的可信度和说服力。搜集资料的步骤主要分为以下四步。

（1）分析需求，分析条件，设定目标。
（2）分析阻碍和进行可行性研究。
（3）设计方案和提出（改变）计划。
（4）制订详细的实施计划和措施。

（二）论证有据，分析到位

要了解有关的测评理论及知识，认真审视并思考自己的测评报告并对照自我认识与测评结果的异同，分析与测评结果形成差距的原因，从而确定自我评估结果，达到"知己"；要理清自己所处的地理环境（包括居住的地方、喜欢的地方、亲朋好友的意见等），明确自己的最大兴趣、最喜欢与之共事的人的类型、最重视的价值与目标、最喜欢的工作条件，再通过当前环境评估（社会影响、家庭影响、学校因素、就业形势等）和当前社会环境分析（组织环境分析、技术的发展、经济的兴衰、政策法规的影响等）来确定自己的职业方向，做到说理有据，层层深入。

（三）言简意赅，逻辑严密

语言简洁朴实，用词精练准确，行文流畅，条理清楚，这是最基本的写作要求。撰写时还应密切注意整篇文章的结构和重心所在。职业生涯规划一般包含对职业规划的认识、对自我的剖析、对所学专业的认识、对职业方向的探索，以及确定目标并制订计划五方面的内容。在对这些内容进行分析阐述时，必须紧紧围绕职业目标这条主线来展开，从而体现文章论述的逻辑性和连贯性，要将重点放在自我评估、环境评估、目标实施上。职业生涯规划是对自己将来的规划，这个规划只有建立在对自我和职业充分认识的基础上才能体现出它的科学性和可行性。

（四）目标明确，合理适中

撰写职业生涯规划书应围绕论述的中心展开，职业生涯目标不能过于理想化，应"择己所爱""择己所长""择世所需""择己所利"。职业生涯规划书的撰写是否成功，在很大程度上取决于有无正确适当、切实可行的目标。

（五）分解合理，措施具体

对目标的分解、对实现路径的选择要有理论依据，而且备用路径之间要有内在的联系。对于目标的组合，要注意时间上的并进、连续与功能上的因果、互补作用，全方位的目标组合要涵盖职业生涯、家庭生活、个人事务等方面。

（六）格式清晰，图文并茂

职业生涯规划书要做到内容完整、格式清晰、版面美观大方、创意新颖，文如其人，不能有错别字。

三、职业生涯规划书的写作

职业生涯规划书一般包括目录、总论（前言）、正文等内容。

正文包括引言、自我探索、外界探索、职业定位、计划实施、评估调整与结束语。正文中的自我探索、外界探索、职业定位、计划实施是职业生涯规划书的重点内容。

（一）自我探索

职业生涯规划是一个自内而外的过程，即首先要理清自己期望达成的职业生涯目标及具有的职业特质，然后去寻找、调整自己的职业生涯发展行动。这里的"内"一般包括了解自己的兴趣、能力、性格、价值观、优势与劣势等内容，可以参考下面的内容。

1. 职业兴趣——喜欢干什么

在我的人才素质测评报告中，职业兴趣前三项是××型（×分）、××型（×分）和××型（×分）。

我的具体情况是_____。

2. 职业能力——能够干什么

我的人才素质测评报告结果显示，××能力得分较高（×分），××能力得分较低（×分）。我的具体情况是_____。

3. 性格——适合干什么

我的人才素质测评报告结果显示_____。
我的具体情况是_____。

4. 价值观——最看重什么

我的人才素质测评报告结果前三项显示是××取向（×分）、××取向（×分）和××取向（×分）。

我的具体情况是_____。

5. 胜任能力——优势和劣势

我的优势能力：_____。
我的劣势能力：_____。
自我探索小结：_____。

（二）外界探索

通过对自我特征的分析，我们对"知己"已经有一定的把握，接下来就是"知彼"的层面。其主要包括家庭环境分析、学校环境分析、社会环境分析、职业环境分析，并进行外界探索小结。具体写作可以参考以下内容。

1. 家庭环境分析

家庭环境分析包括经济状况、家人职业、家庭社会关系网、家人期望，以及对本人的影响。

2. 学校环境分析

学校环境分析包括学校特色、专业学习、实践经验等。

3. 社会环境分析

社会环境分析包括就业形势、就业政策、竞争对手等。

4. 职业环境分析

（1）行业分析。

例如，××行业现状及发展趋势，人职匹配分析。

（2）职业分析。

例如，××职业的工作内容、工作要求、发展前景、人岗匹配分析。

（3）企业分析。

例如，××单位类型、企业文化、发展前景、发展阶段、产品服务、员工素质、工作范围等，以及人企匹配分析。

（4）地域分析。

例如，××城市的发展前景、文化特点、气候水土、人际关系等，以及人职匹配分析。

5. 外界探索小结

_____。

（三）职业定位

职业定位包括SWOT分析、职业生涯目标、职业生涯发展策略、职业生涯发展路径等内容，具体可以参考表6-2。

表6-2　职业定位

内部环境与外部环境分析		优势		劣势	
机会	威胁	优势机会策略	优势威胁策略	劣势机会策略	劣势威胁策略

（四）计划实施

在职业生涯规划书中，对如何实现自己的职业生涯发展目标应制定一个详细而又切实可行的行动计划和策略方案，包括计划名称、时间跨度、总目标、分目标、计划内容、策略和措施等。

四、职业生涯规划书写作经常出现的问题

近几年，大学生职业生涯规划书的质量不断提高，但也存在不少问题，比较常见的问题主要有以下五个方面。

（一）现实发展与未来职业生涯目标选择不统一，逻辑性不强

这主要表现在没有把自己过去做过的和现在正在做的而且与未来的职业生涯发展目标有密切关系的亮点展示出来。不少同学的职业生涯规划书前后不连贯，虽然前面用了许多笔墨来论证，却无法让人看过之后自然得出其职业生涯选择是合适的结论。

（二）对目标职业及其所处行业的认识不到位，分析不透彻

大多数同学在分析社会环境和就业形势时，只是对当前社会的就业形势泛泛而谈，对自己的目标职业及所处行业的特点、要求及面临的形势分析不够或不到位。

（三）个人素质测评结果与职业生涯发展目标选择之间的联系不够紧密

个人素质测评是个人职业生涯规划的重要依据，个人素质测评结果与职业生涯发展目标选择之间应该有比较密切的逻辑联系。现实中，有些同学在撰写职业生涯规划书时，不知道如何处理个人素质测评结果，无法把个人素质测评结果与职业生涯选择的论证过程结合在一起。

（四）目标选择不够客观、明确

有的同学的职业生涯目标模糊不清，一会儿希望成为公务员，一会儿希望自己成为人民教师。有的同学的职业目标定得太大。这部分同学过于自信，结果目标往往难以实现。较多的同学属于第二种，计划要做总经理、总设计师、科学家，似乎目标不高大就不是一份好的职业生涯规划书。

（五）行动策略和职业发展路线描述不当

有的同学的职业生涯规划书过于简单，不够清晰，有的变成了工作日程表，过于繁杂。对职业生涯的描述应该是相对宏观的、长远的规划，没有必要把每天的安排都写进去。

课后作业

1. 扫描二维码 6-1，学习"职业生涯规划书撰写的内容"。
2. 职业生涯规划应该有备选方案，而且很重要。请写出你的职业生涯规划备选方案。

生涯规划书的撰写

第二节　职业生涯规划制定的步骤

案例导入

目标影响人的一生

30 多年前，美国哈佛大学曾经对当时在校的学生做过一项调查，发现没有目标的人占 27%、目标模糊的人占 60%、短期目标清晰的人占 10%、长期目标清晰的人占 3%。研究人员的追踪结果表明：第一类人几乎生活在社会最底层，长期在失败的阴影里挣扎；第二类人基本上都生活在社会的中下层，没有多大的理想和抱负，整日为生存而疲于奔命；第三类人大多数进入白领阶层，生活在社会中上层；只有第四类人为实现既定目标，几十年如一日，努力拼搏，积极进取，百折不挠，最终成为百万富翁、行业领袖或精英人物。

从哈佛大学的调查中，我们得出的结论是，职业生涯规划目标引领未来，目标促进行动。目标对人生具有巨大的导向性作用。

职业生涯规划是一个周而复始的连续过程，其基本步骤包括确立清晰的个人生涯愿景、自我评估、环境评估、确定职业发展目标、设定职业生涯发展路线、制订弥补差距的行动方案等。

一、确立清晰的个人生涯愿景

在为自己制定职业生涯发展规划的时候，需要弄明白自己到底想过一种什么样的生活，即个人生涯愿景。生涯愿景是个人发自内心的、一生最渴望得到的结果，是一种个人期望的未来或意象。人在一生中要扮演多个角色，因此生涯愿景是多方面的。总的来说，个人生涯愿景主要包括以下八个方面的内容。

（1）自我形象。
（2）有形财产。
（3）家庭生活。
（4）个人健康。
（5）人际关系。
（6）工作状况。
（7）社会贡献。
（8）个人休闲。

二、自我评估

自我评估相当于对内在条件的评估。自我评估的目的是认识自己、了解自己。一个人只有认识自己，才能对自己的职业发展做出正确的选择，才能选定适合自己发展的职业生涯路线，才能对自己的职业生涯目标做出最佳抉择。自我评估的内容包括兴趣、特长、性格、学识、技能、智商、情商、思维方式、道德水准，以及在社会中的自我等。自我评估可以借助职业心理测评来实现，更多的是在实际生活中体现。

三、环境评估

环境评估相当于对外在条件进行评估，评估环境因素对自己职业生涯发展的影响。职业环境评估，主要是评估各种环境因素对自己职业生涯发展有利与不利的影响等。每个人离开环境就无法生存与成长。所以，在制定个人职业生涯规划时，要分析环境条件的特点、环境的发展变化情况、自己与环境的关系、自己在环境中的地位、环境对自己提出的要求，以及环境对自己有利与不利的影响等。

四、确定职业发展目标

确定职业发展目标是指期望在职业发展道路上达到什么样的位置，简单地说，就是做到什么职位。职业发展目标的确定，是职业生涯规划的核心。一个人事业的成败，在很大程度上取决于有无正确的、适当的目标。一个人没有目标，就如同驶入大海的孤舟。职业发展目标是以自己的最佳才能、最优性格、最大兴趣、最有利环境等因素为依据而设定的。大学生毕业后，接下来的走向有就业、升学、参军、自主创业和出国留学。方向不一样，职业生涯规划的侧重点也是不一样的。到底是升学还是就业，要综合考虑多方面的因素。其最根本的原则是，选择一条最能帮助自己快速实现职业发展目标的出路。

职业发展目标通常可以分为短期目标、中期目标、长期目标。短期目标一般为1~2年，短期目标又分日目标、周目标、月目标、年目标；中期目标一般为3~5年；长期目标一般是5~10年。

五、设定职业生涯发展路线

个人现在所处的位置与总体职业发展目标总是有距离的，不可能一步就实现总体职业发展目标。

要实现总体职业发展目标，就必须将总体职业发展目标进行分解，将其分解成一个又一个阶段性目标并逐步完成。

六、制订弥补差距的行动方案

每次职业生涯质的飞跃，都是以学习新知识、获取新技能为前提的。为顺利达到目标，个人首先需要对达到目标需要的条件进行分析，然后与自己的实际情况对照，找出差距，并找到弥补差距的具体办法。例如，为了弥补在组织管理能力上的差距，是参加教育培训班，还是当学生干部，进行自我锻炼？差距找出了，弥补差距的具体办法也找到了，接下来就要用表格的形式制作一份弥补差距的具体方案，从而将内容明确起来。

表6-3为某听障大学生弥补差距的行动方案。

表 6-3　某听障大学生弥补差距的行动方案

项　目	知识方面	能力方面
达到的效果	1. 扩大文字阅读知识面 2. 每门专业课程不低于 85 分 3. 对社会环境、就业环境有所了解	1. 提高组织能力 2. 与专业老师、同学建立良好的关系 3. 锻炼社会实践能力 4. 锻炼书面表达能力
具体措施	1. 早上 7 点看文学书 2. 每个周五到图书馆阅览报纸 3. 定期看带字幕电影（两周一次） 4. 课前预习，课堂认真听讲，积极思考，课后复习整理 5. 阅读专业书籍 2～6 本 6. 选修听障者与社会公选课	1. 多与专业老师、周围同学交流 2. 积极参加青年协会组织的社会实践活动 3. 在课堂上积极发言，在会上勇于发表意见 4. 报课题，撰写学术论文

课后作业

参照表 6-3 制订自己的弥补差距行动方案。

第三节　职业生涯规划的实施

案例导入

郭晶晶的职业生涯规划

作为国内跳水运动员的代表，郭晶晶曾经是跳水"梦之队"的领军人物，多次获得世界冠军。然而，郭晶晶取得辉煌成绩的背后是她一步步走过的荆棘之路。

首先，认清自我，找准定位。

只有找准职业定位，才能充分激发出一个人的兴趣与潜质，给予我们走向职业成功的动力和直面职业挫败的信心与勇气，以及持之以恒的毅力和决心。

你相信吗？郭晶晶小时候其实很怕水。那时，她本来想学游泳，但因为怕水而放弃。当时，她就决定要挑战一下自己。既然要挑战，就得选个难度更高的，于是她就去学了跳水。就因为这个"想要挑战高难度"的初衷，让郭晶晶与跳水结下了不解之缘。

郭晶晶具备跳水运动员的先天素质，又有国家队软件和硬件的优势，在这片成长的沃土上，对她来说，只要发挥得好，出成绩是迟早的事。回顾郭晶晶的成长史，不难看出她较早就对自己有了一个清晰的认知。她了解自己的性格、气质及能力、兴趣、特长，并且给了自己恰当的定位。她知道自己适合跳水，并渐渐发现自己特别喜欢跳水，于是"跳水运动员"这一职业定位开始在脑海中日益明晰起来。1988 年，郭晶晶在河北保定训练基地开始进行跳水训练，年仅 7 岁的她正式开始了跳水运动员的职业生涯。正因为有了这个明确的发展方向，在长时间的训练里，郭晶晶非常投入并享受全部过程，即使遇到不如意或挫败也能坚持下去，并快速调整心态。

其次，锁定目标，不懈努力。

锁定目标，不懈努力，不仅能够让自己的职业生涯向更好的方向发展，也是使自己直面挫折，获得更大成功的有效方法。

2008年北京奥运会之前，郭晶晶期待自己可以拿出一个不错的成绩。她要做的就是在跳台上专心跳好每一个动作。从1996年的亚特兰大奥运会到2008年的北京奥运会，郭晶晶参加了4届奥运会，"超越自己、为国争光"的目标始终没有动摇过。最终，郭晶晶在北京奥运会上交出了一份令所有中国人满意的答卷——在决赛中以总成绩415.35的高分，夺得了女子3米板的跳水冠军。

【案例解析】

当今社会，职场人士要想获得成功，就需要在准确定位的基础上，制定出不同阶段所要达到的目标，为自己的职业生涯做出长远的规划。其实，进行职业规划的目的，不只是帮助我们找到最合适的工作，更重要的是帮助我们真正了解自己，设定不同阶段的职业目标，提前筹划自己的未来，拟定一生的职业发展方向。"跳水皇后"郭晶晶的成功，恰恰说明了这一点。她正是依照对自身兴趣、爱好的了解，并在教练的帮助下，认准了"跳水运动员"这个职业角色，并通过20多年持之以恒的努力，最终到达了自己职业生涯的巅峰。

一、职业生涯规划实施的方法

（一）五步法

职业生涯规划也许是一个比较模糊的概念，但只要你对自己有基本的认识，同时掌握一定的方法，就可以进行职业生涯规划，为自己的职业生涯发展画下蓝图。许多职业咨询机构和心理学家进行职业咨询和职业规划时，常常采用五步法，也称"5W法"。

五步法即关于五个"W"的归零思考模式。

（1）我是谁？（What are you?）

（2）我想做什么？（What you want！）

（3）我能干什么（What can you do?）

（4）环境支持或允许我做什么？（What can support you?）

（5）自己的最终职业目标是什么？（What you can be in the end?）

回答这五个问题并找到它们的共同点，你就有了自己的职业生涯规划。

1. 我是谁

我们应该对自己进行深刻的反思，对自己有比较清醒的认识，将自己的优点和缺点都一一列出来。这个问题，主要是找出我们的人生坐标、我们的核心竞争力，用自己的长处和别人竞争。

2. 我想做什么

这是对自己职业发展的一个心理取向的检查。每个人在不同阶段的兴趣和目标并不完全一致，有时甚至完全对立。但是，随着年龄和经历的增长，人们逐渐锁定了自己的终生理想。这一问题就是要找出自己的职业理想。

3. 我能干什么

这个问题是对自己能力与潜力的全面总结。一个人的职业定位最根本的还要归结于他的能力，而职业发展空间的大小取决于自己的潜力。对于一个人潜力的了解，应该从几个方面着手去认识，如对事的兴趣、做事的韧性、临事的判断力，以及知识结构是否全面、知识是否及时更新等。

4. 环境支持或允许我做什么

这种环境支持，在客观方面包括本地的各种状态，如经济发展、人事政策、企业制度、职业空间等，在主观方面包括同事关系、领导态度、亲戚关系等，两方面的因素应该综合起来看。有时，我们在做职业选择时，常常忽视主观方面的东西，没有将一切有利于自己发展的因素调动起来。通过同事、熟人引荐找到工作是最正常的，也是最容易的。当然，我们应该知道，这和"走后门"有本质的区别；区别就是，这里的环境支持是建立在自己的能力之上的。

5. 自己的最终职业目标是什么

明晰了前面四个问题，就可以从各个问题中找到对实现职业目标有利和不利的条件，列出不利条件最少的、自己想做且能够做的职业目标，那么自然就有了一个清楚明了的职业生涯规划框架。

（二）三段式分析法

三段式分析法包括自我分析、目标确定和实施策略三部分。
（1）自我分析是对自己的优势、劣势进行分析，以认识自己。
（2）目标确定是根据已经具备的条件确定职业目标。
（3）实施策略是制定达成职业目标的行动措施。

（三）阐述法

阐述法是在分析自己的条件、对职业的认识、对自己职业目标的定位中，说明自己的职业生涯规划及依据。这种以"记叙"方式所做的职业生涯规划，是规划者的内心思考与分析，有较强的可信度，但应该注意层次结构要清晰。

二、大学生涯目标的确定

大学生涯最常见的目标是就业、升学、参军、自主创业等。下面主要介绍就业目标的相关内容。除了继续升学，多数学生还是直接进入职场参加工作。因此，就业是在校大学生最主要的目标。

每年 10—12 月是高校应届毕业生求职的第一个高峰期，各种校园招聘会、人才交流会都可以看到他们匆忙的身影和急切的眼神。由于大学生工作经验不足、所学专业单一、面试经验少等因素，使其"天之骄子"的光环逐渐褪去，平均起薪越来越低。这种情况使很多刚迈入大学校门的学子也不禁为毕业后的出路担心。为了顺利就业或在激烈的竞争中有一席之地，越来越多的大学生采用以下方式拓展就业渠道。

（一）参加职业资格考试，获得第二块求职"敲门砖"

参加职业资格考试是现在大学生比较热衷的"充电"方式之一。有很多大学生把职业资格认证视为除大学毕业证之外的又一块"敲门砖"。所以，各种各样的考试报名、辅导信息充斥校内的海报栏，有公务员考试辅导、报关员资格考试辅导、会计职称考试辅导、雅思英语辅导等。为了给自己找到更好的出路，很多学生抱着"东方不亮西方亮"的态度，报考了很多培训辅导班，在毕业时拿了很多证书，真正有用的并不多。专家建议，大学生参加各种职业认证考试，要有计划，结合自己的专业和职业需求有所侧重。

（二）辅修第二专业，增加就业砝码

很多大学生入学时就有很强烈的忧患意识，希望在本专业之外掌握更多技能、更多知识，增强就业能力。网络教育具有时间、地点的灵活性，使其成为很好的大学生掌握更多知识的方式。新生选择就读网络大学，利用课余时间攻读相关课程，到毕业时就可以获得国家公认的毕业证书。网络大学要求学生有较强的学习能力和自制能力，学生就读网络大学应该选择应用范围广的专业。

（三）利用课余时间打工，积累工作经验

众多用人单位在招聘人员时，常常要求"从事某某工作两年（或三年）以上"。这道门槛对于应届毕业生来说，是无法逾越的。所以，在校大学生应该尽早做准备，利用课余时间打工，积累工作经验，这也是提高自己竞争能力的一种手段。但是，有一部分大学生一味地追求工作经验，除了课余时间出去打工，甚至在上课时间逃课去做兼职工作。

专家建议，学生还是以学习为主，兼职工作和学业课程安排不能起冲突，要分清主次，在不耽误自己学业的前提下进行社会实践。

（四）参加职前培训，掌握求职技巧

很多学生的基本功很扎实，但就是过不了面试一关。因此，大学生在平时应加强求职技巧方面的知识积累。目前，学校就业指导中心和当地职业培训机构都可以提供面试技巧、职位描述、行业知识等培训。

随着高等教育大众化的到来，高端岗位的就业压力随之增大。大学生必须多方面提高自己的竞争能力。每位学生都应该根据自身的条件和优势，找到适合自己的"充电"方式，再利用这个优势在市场竞争中找到适合自己的位置。

课后作业

扫描二维码6-2，学习"职业生涯评估与调整"的内容。

职业评估与调整

第四节　职业生涯规划的评估与调整

案例导入

刘秀萍的职业选择

刘秀萍，艺术设计专业毕业，性格文静，有较强的设计能力，但不善于口头表达及人际交往。她现在在一所学校担任艺术教师。

刘秀萍在近两年的教学过程中发现自己并不适合做老师，虽然自己具备相应的学历，但不具备教师应有的管理学生的能力。她在课堂上不能够调动学生的积极性，学校对其工作表现不是很满意，她自己也觉得很苦恼。因此，她想转行，从事其他能够发挥自己艺术特长的工作。

艺术类专业的毕业生做艺术教师似乎是顺理成章的事，但在实践中有太多例子表明，艺术类专业的毕业生并不一定就是称职的教师。根据职业生涯发展理论，一个人要想在职业上获得成功，就必须具备扎实的专业知识、合格的学历资质、良好的综合素质三方面的因素。根据这个标准，刘秀萍在教师岗位上可以说很难成功。教师工作的确能给刘秀萍带来稳定的收入和不错的福利，但根据刘秀萍的特征，这个"稳定"很难维持。经过深思熟虑，刘秀萍决定重新择业。

通过对自我性格与能力的分析，刘秀萍认识到，自己虽然不擅长管理学生，口头表达能力差，但艺术设计能力强，希望发挥自身在艺术方面的优势。

于是，刘秀萍决定到广告公司应聘。与意料中的一样，刘秀萍很顺利地通过了广告公司的笔试与面试，成为一名广告设计师。

【案例解析】

文静、不善于表达的刘秀萍虽然具备了做艺术教师的学历资质，但显然不具备教师应有的教学技能。当初，刘秀萍没有全面评估自己的能力，导致错误择业，不能发挥自己的特长。

广告设计工作对工作人员的管理能力、口头表达能力要求都不高，相对重视个人的艺术专业技能，对于刘秀萍来说，正好能扬长避短，发挥优势。由此可见，在择业时，不清楚自己能做什么，只看重地位和待遇是不可取的。"能做什么"就是我们平时所说的能力，是我们择业的重要依据。

职业生涯规划制定好后，更重要的是将规划付诸实施并取得成效。在实施的过程中，还要对职业生涯规划进行评估与调整，从而使其更加符合自身情况和社会需求，更加能够行之有效。

一、职业生涯规划评估与调整的内容

职业生涯规划的评估与调整包括以下五个方面的内容。

（一）自我条件重新评估

在实践的基础上，重新认识自我、分析自我，找到自己的不足和优势，进一步对物质自我、社会自我、心理自我进行比较和分析。

（二）职业生涯机会重新评估

结合现实的社会、经济、行业及组织环境，分析自己未来的发展空间及可能性。

（三）职业生涯目标重新修正

根据上面两项的重新评估结果，以及现有的情况，重新考虑职业生涯目标是否与自己的人生目标一致，是否更符合现在自己的情况，是否更符合社会需求和发展。

（四）职业生涯路线重新调整

根据调整后的职业生涯目标，重新选择职业生涯路线，即从什么方向上实现自己的职业目标。

（五）职业生涯实施策略变更

进一步发掘自己的优点和特长，弥补自身的不足。反馈和修正是职业生涯规划的最后环节，要确立新一轮的目标，开始下一个职业生涯规划的循环。

二、职业生涯规划评估与调整的原则

（一）适度

评估应该适度，不能矫枉过正，既不能过高地评估自己已经取得的成绩，也不能因某些挫折而过分悲观。过高评估往往使自己脱离现实，意识不到自己的条件限制，甚至自傲狂妄，由自信走向自负；过低评估，往往忽视自我的长处，导致缺乏自信，过于自卑。过高或过低自我评估，对自己都是不公正的，对自己重新选择职业都极为不利。

（二）全面

既要看到自己的优点和特长，又要看到自己的缺点和不足；既要对自我某一方面的特殊素质进行具体评估，又要对整体素质进行综合评估；既要考虑到全面的整体因素，又要考虑到其中占主导地位的重点因素。

（三）客观

评估与调整还应当掌握客观性原则。尽管是对自己进行观察、分析和评价，但也需要以客观事实作为基础和依据。只有努力克服和排除自身因素的限制及干扰，才有可能使自我评估与调整趋于客观和真实。

（四）考虑发展性

在进行评估与调整时，应以发展变化的眼光看待原先制定的职业生涯规划的目标和策略。

世间万物都不是静止不变的，包括自我条件、职业生涯目标、职业生涯实施策略、职业生涯机会等，都会发生变化。我们不但应当对自己的现实素质、现有的职业生涯目标、职业生涯实施策略、职业生涯机会等做出适当、全面、客观的评价，而且应当着眼于未来的发展和变化，有预见性地进行评估与调整。

三、职业生涯规划评估与调整的程序

（1）重温职业生涯目标。
（2）经常回顾自己的构想和行动计划。
（3）把构想和任务方案存入计算机，或贴在床头等可以经常看见的地方，时刻提醒自己。
（4）当做出一个对生活和工作极其重要的决定时，必须慎重考虑构想和行动计划，并确保该决定与本意相符。
（5）常常自问：我正在做的是自己最想做的吗？自己真的适合这个职业吗？我能如期完成既定目标吗？我是否将重心放在了最重要的地方？
（6）分析当前的实际情况与既定目标的吻合程度。
（7）确定现在的状况，判断实际行为效果与期望值的偏差。
（8）分析导致失败的原因。
（9）利用结果修正、完善目标。
（10）及时采取适当的纠正措施。
（11）调整策略，改变行动。

四、职业生涯规划调整的对策

（一）树立自信、自强的意识

在职业生涯规划中，对未来发展的自信非常重要。只有充满自信、愿意成长、希望成才、渴望成功的人，才有可能自觉地规划自己的人生，并走向成功。

（二）积极参加社会实践和实习

社会实践和实习是大学生了解社会的有效途径。通过社会实践和实习，大学生能够对社会的政治、经济发展趋势有直观的了解，有利于大学生根据社会需要有计划地塑造自己，避免学习中的盲目行为。通过实践和实习，大学生还能够更加清楚社会职业分类及职位变化，清楚不同职业的意义所在，从中学会正确定位，从而顺利毕业、成功创业。

（三）合理规划大学生活

合理规划大学生活，制订成长计划对每一位大学生而言都非常重要。大学生要尽可能地参加各种层次的培训和训练，从而不断提高自己多方面的能力。

（四）寻求有效帮助

大学生在必要时可以求助，可以求助亲朋好友，也可以求助老师和学校，残疾大学生还可以向当地残疾人就业机构求助。

知识拓展

时间管理能力

1. 时间管理

在日常工作、生活、学习中，我们常常运用自己熟悉的方法或者循规蹈矩地完成各项事务。事实上，这并不是最为有效的方法。很多时候，我们会受到外界干扰，随时放下手中的工作去干别的事情，导致效率不高。这主要是由于我们没有学会对自己的时间进行管理。

什么是时间管理？时间管理是指人能有效地运用时间，降低变动性。其目的在于决定什么事该做，什么事不该做。

时间管理是一种自我管理。一个人通过有效的时间管理，可以改变自己的习惯，让自己工作和学习的效率更高，以实现自己的目标。

时间管理有以下四个发展阶段。

第一阶段是建立备忘录。

第二阶段是事先计划和准备。

第三阶段是根据自己对任务的理解排列优先级。

第四阶段主要是进行分工合作的授权管理。

无论在哪个发展阶段，时间管理都存在众多的干扰因素，如网络、噪声、压力和健康状况等。

2. 时间管理原则

（1）马上行动。

许多人都习惯说"待会儿再说"，这样会让自己花费很多时间重新进入状态。事情是干出来的，不是等出来的。做事的最佳时机是需要把握的，最好的时间就是现在。

（2）学会说"不"。

计划赶不上变化是人们经常遇到的情况。有很多时候，自己原本已经安排好了，但临时出现一些变化。例如，朋友拉你打牌或喝酒，会占用你大量时间。在这种情况下，要学会恰当拒绝。拒绝别人要讲究技巧，不宜直截了当，要委婉，用自己觉得确实是合理的理由来拒绝。要学会限制时间，不要被无聊的人和无关紧要的事牵制住，也不要在不必要的地方逗留太久，不要将整块时间拆散。一个人只有学会说"不"，才会得到真正的自由。

（3）积极休闲。

不同的休闲会带来不同的结果。积极休闲有利于身心放松，陶冶情操。有时候，和人交流，有利于提高工作效率。

（4）集腋成裘。

生活有许多零碎的时间，这些时间虽短，却可以充分利用起来做一些事情。等车的时间可以用来思考下一步的工作，或者记几个单词；运动时可以思考困难的事、亟待解决的事。在疲劳之前休息片刻，既可以避免过度疲劳，又可以使自己始终保持较好的竞技状态，从而大大提高工作效率。

课后作业

1. 调整和修订自己的职业生涯规划书。
2. 对职业生涯规划书进行排版和美化。

第七章 就业形势和政策

第一节 就业形势分析

一、高校大学生就业形势

（一）我国大学生就业总体特征

近年来，我国高校毕业生的数量逐年增加，但就业市场的吸纳能力并没有同步增长。这使大学生面临激烈的就业市场竞争。

目前，大学生就业有以下总体特征。

1. 就业压力增大

大学毕业生数量远远超过市场提供的岗位，导致竞争激烈，就业压力增大。

2. 结构性矛盾突出

大学毕业生所学专业与市场需求不匹配，部分热门专业供过于求，而部分冷门专业缺乏人才。

3. 薪资水平分化

不同行业、地区和岗位的薪资水平差异较大，热门行业和一线城市薪资较高，而部分基层岗位和偏远地区薪资较低。

4. 创业意愿增强

在国家政策的鼓励下，越来越多的大学生选择创业，但创业成功率不高。

知识链接

2023年中国高校毕业生就业形势

1. 毕业生数量增加

2023年，中国高校毕业生的数量达到1100多万人，创历史新高。这一增长加剧了就业市场的竞争压力。

2. 就业选择的多样化

当前，大学生群体以"00后"为主，他们生活在物质较为富足的时代，拥有更多的选择和机会。当代大学生在就业选择上表现出兴趣化与趋同化并存的特点。一方面，他们更加注重个人兴趣和职业发展；另一方面，他们容易受到社会趋势的影响，如热衷于考公务员、考研究生等。

3. 就业观念的变化

大学生在就业选择上呈现出理性化与理想化并存的特点。他们既能够根据自己的能力、兴趣和就业形势做出合理的选择，又存在过于理想化的问题，如追求理想工作而忽视实际就业机会。

4. 就业市场的挑战

尽管岗位招聘需求在增加，但增长速度远不及大学毕业生的增长速度。同时，劳动力市场中供求匹配差距加大，部分技术岗位空缺较多，对文科类毕业生的需求较少。

5. 家庭和社会的影响

家庭教育、社会环境、新媒体等都在影响大学生的就业选择。例如，家庭教育方式的不同可能会影响孩子的就业观念和行为；新媒体的广泛应用使大学生能够获取更多的就业信息，但也可能带来信息过载和错误的就业认知。

这些特点和挑战表明，当前大学生的就业选择不仅受到个人因素的影响，还受到社会、经济、文化等多方面因素的影响。因此，解决大学生就业问题需要综合考虑多方面因素，并采取相应的策略和措施。

（二）在求职者队伍中，大学生与其他求职者之间的竞争更加激烈

随着社会的发展，求职者队伍日益壮大，大学生在就业市场中面临与其他求职者的竞争。这主要体现在以下六个方面。

1. 经验不足

相比有工作经验的求职者，大学生往往缺乏实际工作经验。企业在招聘时往往更倾向于招聘有一定工作经验的员工，这使大学生在求职过程中处于劣势。

2. 技能单一

部分大学生在校期间过于注重对理论知识的学习,忽视对实践能力的培养,导致技能单一,难以满足企业多样化需求。

3. 择业观念滞后

部分大学生对就业市场缺乏了解,择业观念滞后,导致就业困难。例如,有的大学生过于追求稳定性和高薪,而不愿意尝试新兴行业或创业机会。

4. 求职者队伍多样化

除了大学生,求职者队伍中还包括有工作经验的求职者、海归人士、职业转型者等,他们在某些方面可能比大学生更具有竞争力。

5. 在线招聘平台的普及

随着在线招聘平台的普及,求职者可以更容易地接触到更多的职位信息,这使竞争更加全球化,大学生需要与来自全国乃至全球的求职者竞争。

6. 企业招聘标准提高

随着市场竞争的加剧,企业对人才的要求越来越高,除了专业技能,还看重沟通能力、团队协作能力、创新思维能力等多方面的能力。

为了应对这些挑战,大学生需要积极提升自身的综合素质,包括专业知识、实践能力、沟通能力等,并树立正确的就业观念,做好职业规划,提高自身的竞争力。同时,高校、企业和政府也需要共同努力,为大学生提供更多的实习、就业机会,帮助他们更好地适应就业市场的需求。

(三)就业不平衡进一步扩大

近年来,我国就业不平衡现象进一步扩大,主要体现在以下四个方面。

1. 区域不平衡

一线城市和发达地区经济发展水平较高,产业结构较为完善,因此提供了更多的就业机会和更高的薪资水平,吸引了大量大学毕业生。而基层和偏远地区由于经济发展相对滞后,提供的就业岗位有限,薪资水平也相对较低,难以吸引和留住人才。

2. 行业不平衡

随着科技的快速发展和产业结构的升级,一些新兴行业(如互联网、人工智能、生物科技等)提供了大量就业机会,吸引了大量大学毕业生。而一些传统行业(如制造业、农业等)由于转型升级的压力,提供的就业岗位有限,薪资水平也相对较低,难以吸引年轻人才。

3. 性别不平衡

在某些行业和岗位上仍然存在性别歧视的现象,女性求职者在就业过程中可能面临更多的困难和挑战，导致性别不平衡的问题进一步加剧。

4. 教育和技能不平衡

随着经济的发展和产业的升级，对高技能人才的需求越来越大，而一些低技能岗位的需求却在减少。然而，由于教育资源不均衡，一些毕业生可能缺乏足够的技能和知识，难以满足市场需求，从而导致教育和技能不平衡。

为了缓解就业不平衡的问题，政府和社会各界需要共同努力。政府可以通过制定相应的政策和措施，鼓励毕业生到基层和偏远地区就业，支持传统行业转型升级，促进教育和技能平衡发展。同时，社会各界也应该加强性别平等意识，消除性别歧视，为女性求职者提供更多的机会和平等的待遇。此外，高校也应该加强职业规划和就业指导，帮助学生更好地了解就业市场的需求，提高自身的竞争力，以适应不断变化的就业形势。

（四）社会就业观念与就业状况的不适应更加突出

当前，社会就业观念与就业状况的不适应问题日益突出，主要表现在以下七个方面。

1. 传统观念束缚

随着社会经济的发展和产业结构的升级，一些传统行业的就业机会在减少，而新兴行业和高科技领域的就业机会在增加。如果求职者的就业观念没有及时更新，仍然固守传统的就业观念（例如，只愿意从事某些"稳定"的工作），那么他们可能发现自己在就业市场上处于不利地位。

2. 就业期望过高

部分大学生对薪资、工作环境等期望过高，导致与实际就业市场脱节。

3. 缺乏职业规划

部分大学生在校期间缺乏职业规划，就业方向不明确，导致就业困难。

4. 技能与市场需求不匹配

随着技术的进步和市场需求的变化，某些技能可能变得过时，而新的技能变得更为重要。如果劳动者的技能不能及时更新，他们就会面临就业困难的局面。例如，随着自动化和人工智能技术的发展，一些重复性高、对技能要求低的工作可能被机器取代，这就要求劳动者必须提升自己的技能，以适应新的就业环境。

5. 教育体系与就业市场脱节

教育体系培养的人才可能与市场需求不匹配。如果学校教育不能及时反映市场变化，培养出的人才可能发现他们掌握的知识和技能不符合企业的实际需要。在这种情况下，大学毕业生可能需要经历较长的就业适应期，或者需要通过进一步的培训和教育来提升自己的就业竞争力。

6. 区域发展不平衡导致的就业观念差异

在一些经济发展较快的地区，新的就业观念和机会可能更加丰富，而在一些经济欠发达地区，人们可能更倾向于传统的就业方式。这种区域间的差异可能导致劳动力流动不均衡，进一步加剧劳动力对就业市场的不适应。

7. 对灵活就业和创业的态度

现代社会鼓励灵活就业和创业，但一些人可能因为对风险的担忧或对传统就业模式的偏好，而不愿意接受这种就业方式。这种态度可能导致他们在就业上面临更多的挑战。

综上所述，社会就业观念与就业状况的不适应是由多方面因素造成的，需要政府、教育机构、企业和个人共同努力，通过政策引导、教育培训、信息提供和观念更新等多种手段，来促进就业观念与就业市场的协调发展。

二、残疾大学生就业形势

残疾大学生在就业市场中面临更大的挑战，主要体现在以下三个方面。

（一）就业歧视

部分企业和求职者对残疾大学生存在歧视，使他们在求职过程中处于劣势。

（二）适应能力较弱

残疾大学生在技能、沟通等方面可能存在一定程度的不足，导致就业难度增加。

（三）政策支持不足

尽管国家出台了一系列政策支持残疾大学生就业，但实际执行力度和效果仍有待提高。

三、客观分析就业形势

面对激烈的人才市场竞争，分析就业形势，我们要清醒地看到以下情况。

（一）技能人才仍然是最抢手的人才

随着产业结构升级和技术进步，具备一定技能的人才在就业市场中具有较强的竞争力。

（二）国家高度重视大学生（包括残疾大学生）的就业问题

国家出台了一系列政策，加大对普通大学生和残疾大学生就业的支持力度，为他们创造更多的就业机会。

总之，当前大学生就业市场竞争激烈，但只要我们积极应对，不断提高自身素质，树立正确的就业观，就一定能够找到适合自己的工作岗位。同时，政府、企业和社会各界也要共同努力，为大学生，尤其是残疾大学生，创造更多的就业机会，促进就业形势的稳定和好转。

案例链接

没找准位置

两年前，听障者章文（化名）被推荐到一家公司做设计。起初，多次找工作碰壁的章文表态，自己能够吃苦，要为公司服务两年。

但是，四个多月后，章文见工作起色不大，受到打击，就迟到、早退、旷工，甚至在任务很紧的时候，向公司人事总监提出请假5天，原因是"朋友结婚，去了顺便玩一玩"。这让人事总监感到莫名其妙。还没等假期批下来，章文就走了。

【案例点评】

请"霸王假"是典型的自我管理能力差的表现。大学生刚刚走出学校，还没有搞清楚自己是处于职场还是学校，这是导致很多用人单位不敢用应届毕业生的重要原因之一。

没摆正心态

李长华（化名）毕业于一所名牌大学，在一家深圳企业驻重庆机构做销售工作。3个月过去了，李长华的业务成绩并不好，部门主任让能力不错的老员工带他。在老员工中，不少是入行比他早的中专、高中学历的女孩。而李长华有自己的想法："我是一个本科生，怎么能被一群低学历的女生领导呢？"

【案例点评】

一些大学生认为自己满腹经纶，应该受到重用，而不会埋头下来做基础工作，看到起点比自己低的老员工成绩卓著，就出现不平衡心态。大学生要认清自己的能力与岗位的要求，努力缩小与别人的差距，走上正轨。

不珍惜工作机会

某残疾人劳动就业服务中心推荐五名参加过计算机培训的听障学员进了一家模具工厂，主要负责一些文字处理、仓库管理、品质检验的工作。他们一天工作七小时，有工作餐。厂里派车每周送他们回家一次。他们每周休息两天，五人住一间宿舍。然而，不到一个月，五个人就炒了老板鱿鱼。问他们原因，他们说："上班太累，工作枯燥，不像他们想象的那么好玩！"残疾人劳动就业服务中心的工作人员感叹："一方面是就业难，另一方面残疾人却不珍惜工作机会！"

【案例点评】

几名听障学员没有爱岗敬业的职业道德精神，影响了残疾人在社会中的形象。因此，残疾人在就业前，需要一定的职业指导，树立职业理想，确立正确的职业道德规范。

课后作业

请思考并回答以下问题。

1. 残疾人和残疾大学生就业存在哪些主要困难？

2．在当前的就业形势下，自己如何积极应对？
3．扫描二维码 7-1，学习"就业政策"的内容。

就业政策

第二节　就业政策法规

一、普通高校毕业生基层就业政策

（一）鼓励毕业生到基层就业主要优惠政策

（1）对高校毕业生到中西部地区和艰苦边远地区基层单位就业、履行一定服务期限的，按规定给予学费补偿和国家助学贷款代偿。

（2）结合政府购买服务工作的推进，在基层特别是街道（乡镇）、社区（村）购买一批公共管理和社会服务岗位，优先用于吸纳高校毕业生就业。

（3）艰苦边远地区基层机关招录高校毕业生可以适当放宽学历、专业等条件，降低开考比例，可以设置一定数量的职位面向具有本市、本县户籍或在本市、本县长期生活的高校毕业生。

（4）艰苦边远地区县乡事业单位公开招聘高校毕业生可以适当放宽年龄、学历、专业等条件，可以拿出一定数量岗位面向本县、本市或者周边县市户籍人员（或者生源）招聘；乡镇事业单位招聘本科以上高校毕业生、县级事业单位招聘硕士以上高校毕业生，以及招聘行业、岗位、脱贫攻坚急需紧缺专业高校毕业生，可以结合实际情况，采取面试、直接考察的方式公开招聘；可以根据应聘人员报名、专业分布等情况适当降低开考比例，或不设开考比例，划定成绩合格线。

（二）学费补偿和助学贷款代偿政策

（1）对到中西部地区和艰苦边远地区基层单位就业的中央部门所属高校应届毕业生实行学费补偿或国家助学贷款代偿，本科生、专科生每人每年最高不超过 12000 元，研究生每人每年最高不超过 16000 元。本科、高职（专科）、研究生和第二学士学位毕业生补偿学费或代偿国家助学贷款的年限，分别按照国家规定的相应学制计算。每年补偿学费或代偿国家助学贷款总额的三分之一，三年代偿完毕。

（2）各省（自治区、直辖市）制定吸引和鼓励本地所属高校毕业生面向艰苦边远地区基层单位就业的学费补偿和国家助学贷款代偿政策。

（三）基层就业户口档案政策

落实省会及以下城市放开对高校毕业生落户限制的规定，高校毕业生在基层就业可以根据需要自愿迁移户口。人事档案按规定转至就业地县级人力资源社会保障部门所属公共就业和人才服务机构，或有关单位的组织人事部门。

（四）中央基层就业项目

近年来，中央有关部门组织实施的引导高校毕业生基层就业项目，主要包括大学生志愿服务西部计划、"三支一扶"计划、农村义务教育阶段学校教师特设岗位计划。

（五）中央基层就业项目优惠政策

（1）公务员招录优惠。每年拿出公务员考录计划的一定比例，专门用于定向招录服务期满且考核称职（合格）的服务基层项目人员。服务基层项目人员也可以报考其他职位。

（2）事业单位招聘优惠。各省（区、市）县乡基层事业单位公开招聘时，应根据本地区实际拿出一定数量或比例的岗位，对"三支一扶"等服务期满考核合格的人员进行专项招聘，并增加工作实绩在考察中的权重，聘用后可以不再约定试用期；省市事业单位公开招聘时，对"三支一扶"等服务期满且考核合格的人员在同等条件下优先聘用。

（3）考试与升学优惠：服务期满后三年内报考硕士研究生初试总分加 10 分，在同等条件下优先录取；高职（专科）学生可以免试入读成人本科院校。

（4）国家补偿学费和代偿助学贷款政策。参加中央基层就业项目的毕业生，符合规定条件的，可以享受相应的学费补偿和助学贷款代偿政策。

（5）服务期满自主创业的，可以享受税收优惠、行政事业性收费减免、创业担保贷款和贴息等有关政策。

（6）参加基层服务项目前无工作经历的人员，服务期满且考核合格后 2 年内，在参加机关事业单位考录（招聘）、各类企业吸纳就业、自主创业、落户、升学等方面可以同等享受应届高校毕业生的相关政策。

（7）各基层就业项目按服务年限计算工龄。服务期满到企业就业的，按照规定转接社会保险关系。

二、普通高校学生自主创业政策

（一）税收优惠政策

（1）持人社部门核发"就业创业证"的高校毕业生在毕业年度内创办个体工商户的，可以按规定在 3 年内以每户每年 12000 元为限额（最高可上浮 20%，具体由各省、自治区、直辖市人民政府根据本地区实际情况确定）依次扣减其当年实际应缴纳的增值税、城市维护建设税、教育费附加、地方教育附加和个人所得税。

（2）高校毕业生创办小微企业的，可以按规定享受小微企业普惠性税费政策；创办个体工商户的，对其年应纳税所得额不超过 100 万元的部分，在现行优惠政策的基础上减半征收个人所得税。

（二）担保贷款和贴息政策

（1）创业担保贷款和贴息支持。高校毕业生可以在创业地申请创业担保贷款，最高贷款额度为 20 万元，对符合条件的个人合伙创业的，可以根据合伙创业人数适当提高贷款额度，最高不超过总额的 10%。对 10 万元及以下贷款、获得设区的市级以上荣誉的高校毕业生创业者，免除反担保要求；对高校毕业生设立的符合条件的小微企业，最高贷款额度提高至 300 万元，财政按规定给予贴息。

（2）创业担保贷款申请程序。申请创业担保贷款贴息支持的个人和小微企业，应向当地人力资源和社会保障部门申请进行资格审核,通过资格审核的个人和小微企业向当地创业担保贷款担保基金运营管理机构和经办银行提交担保和贷款申请,符合相关担保和贷款条件的,与经办银行签订创业担保贷款合同。

(三)资金扶持政策

(1)免收有关行政事业性收费。毕业2年以内的普通高校毕业生从事个体经营的,3年内免收管理类、登记类和证照类等有关行政事业性费用。

(2)求职创业补贴。对在毕业学年有就业、创业意愿并积极求职创业的低保家庭、贫困残疾人家庭、原建档立卡贫困家庭和特困人员中的高校毕业生,残疾及获得国家助学贷款的高校毕业生,给予一次性求职创业补贴。

(3)一次性创业补贴。对首次创办小微企业或从事个体经营,且所创办企业或个体工商户自工商登记注册之日起正常运营1年以上的离校2年内的高校毕业生,试点给予一次性创业补贴。

(4)享受培训补贴。对大学生在毕业年度内参加创业培训的,按规定给予培训补贴。

(四)工商登记政策

简化注册登记手续。创办企业,只需填写"一张表格",向"一个窗口"提交"一套材料",登记部门直接核发加载统一社会信用代码的营业执照,"多证合一"。

(五)户籍政策

取消落户限制。高校毕业生可以在创业地办理落户手续(直辖市按有关规定执行)。

(六)创业服务政策

(1)免费创业服务。高校毕业生可以免费获得公共就业和人才服务机构提供的创业指导服务。

(2)技术创新服务。各地区、各高校和科研院所的实验室以及科研仪器、设施等科技创新资源可以面向大学生开放,提供低价、优质的专业服务。

(3)创业场地服务。鼓励各类孵化器面向大学生创新创业团队开放一定比例的免费孵化空间。政府投资开发的孵化器等创业载体应安排30%左右的场地,将其免费提供给高校毕业生。有条件的地方可以对高校毕业生到孵化器创业给予租金补贴。

(4)创业保障政策。加大对创业失败大学生的扶持力度,按规定提供就业服务、就业援助和社会救助。毕业后创业的大学生可以按规定缴纳"五险一金"。

(七)学籍管理政策

(1)折算学分。各高校要设置合理的创新创业学分,建立创新创业学分积累与转换制度,探索将学生开展自主创业等情况折算成学分。

(2)弹性学制。学校可以根据情况建立并实行灵活的学习制度,可以放宽学生的修业年限,学生可以保留学籍,休学创新创业。

三、普通高校学生应征入伍政策

（一）优先征集政策

（1）大学生入伍优先报名应征、优先体检政考、优先审批定兵、优先安排使用。大学生参加体检，开辟绿色通道。高校新生应当在户籍所在地应征；高校应届毕业生和在校生可以在学校所在地应征，也可以在入学前在户籍所在地应征。

（2）报名网址：www.gfbzb.gov.cn/。

（3）报名时间。

① 上半年：

男兵：上年12月1日至当年2月10日

女兵：当年1月1日至当年2月10日

② 下半年：

男兵：上年12月1日至当年8月10日

女兵：当年7月1日至当年8月10日

（二）学费资助及优待政策

（1）学费补偿、国家助学贷款代偿、学费减免，本科生、专科生每人每年最高不超过12000元，研究生每人每年最高不超过16000元。

（2）入伍大学生按规定享受优待政策，义务兵家庭优待金由批准入伍地发放，其家庭享受军属待遇。

（三）升学优惠政策

（1）设立"退役大学生士兵"专项硕士研究生招生计划，每年专门面向退役大学生士兵招生约8000人，并向"双一流"建设高校倾斜。

（2）在部队荣立二等功及以上，免试（指初试）攻读硕士研究生。

（3）在完成本科学业后3年内参加全国硕士研究生招生考试，初试总分加10分，在同等条件下优先录取。

（4）高职（专科）学生应征入伍，退役后在完成高职（专科）学业的前提下，可以免试入读普通本科院校，或根据意愿入读成人本科院校，自2022年专科升本科招生起执行。

（四）复学政策

（1）高校学生（含高校新生）在服役期间按国家有关规定保留学籍或入学资格，退役后2年内允许复学或入学。

（2）经学校同意，大学生士兵退役后复学可转入本校其他专业学习。

（3）退役复学后免修军事技能等课程，可以直接获得学分。

（五）在部队选拔培养政策

（1）符合条件的取得全日制本科学历和学士学位的毕业生（含毕业学年入伍，在服役期间取得的），入伍一年半以上，可以选拔为提干对象。

(2) 参加全军统一考试，录取到有关军队院校学习。
(3) 优先选取士官。
(4) 参加保送入学对象选拔，在同等条件下优先推荐。

（六）退役后技能培训政策

面向自主就业退役士兵开展职业技能培训，实施"学历证书+若干职业技能等级证书"制度和学分银行制度，建立学习成果认定、积累和转换机制，按规定享受培训资助。

（七）退役后就业服务政策

(1) 退役后一年内，凭用人单位录（聘）用手续，可以办理就业报到手续，户口和档案随迁。
(2) 退役高校毕业生士兵可以参加户籍所在地省级毕业生就业指导机构、原毕业高校就业招聘会，享受就业信息、重点推荐、就业指导等就业服务。
(3) 乡镇补充干部、基层专职武装干部配备时，注重从退役大学生士兵中招录；在军队服役5年（含）以上的高校毕业生士兵可以报考面向服役基层项目人员定向考录的职位。
(4) 教育部在"24365校园招聘服务"活动中开辟退役大学生士兵岗位专区，畅通求职就业渠道。

四、关于就业的法律

（一）《中华人民共和国劳动法》

《中华人民共和国劳动法》（以下简称《劳动法》）是国家为了保护劳动者的合法权益，调整劳动关系，建立和维护适应社会主义市场经济的劳动制度，促进经济发展和社会进步，根据宪法制定颁布的法律。

从狭义上讲，我国《劳动法》是指1994年7月5日第八届全国人民代表大会通过，1995年1月1日起施行的《中华人民共和国劳动法》。从广义上讲，《劳动法》是调整劳动关系的法律法规，以及调整与劳动关系密切相关的其他社会关系的法律规范的总称。

《劳动法》作为维护人权、体现人本关怀的一项基本法律，其内容主要包括劳动者的主要权利和义务，劳动就业方针政策及录用职工的规定，劳动合同的订立、变更与解除程序的规定，集体合同的签订与执行办法，工作时间与休息时间制度，劳动报酬制度，劳动卫生和安全技术规程，等等。

（二）《中华人民共和国劳动合同法》

《中华人民共和国劳动合同法》（以下简称《劳动合同法》）由第十届全国人民代表大会常务委员会第二十八次会议于2007年6月29日通过，自2008年1月1日起施行。第十一届全国人民代表大会常务委员会第三十次会议决定对《劳动合同法》进行修改，并于2013年7月1日起施行。

大学生在求职过程中处于弱势地位，《劳动合同法》对大学生起到了保护的作用。对大学生来说，在劳动合同的建立和终止、劳动报酬、试用期等多方面，《劳动合同法》给予了不同程度的保障。例如,《劳动合同法》规定"用人单位自用工之日起满一年不与劳动者订立书面劳动合同的,视为用人单位与劳动者已订立无固定期限劳动合同"。这将促使企业更主动地与大学生签订劳动合同。再如,社会保险条款成为劳动合同必备条款。大学生不用再追着向单位提"三险一金"的要求,因为用人单位必须履行相应的义务。

关于试用期,《劳动合同法》规定:"劳动合同期限三个月以上不满一年的,试用期不得超过一个月;劳动合同期限一年以上不满三年的,试用期不得超过二个月;三年以上固定期限和无固定期限的劳动合同,试用期不得超过六个月。""劳动者在试用期的工资不得低于本单位相同岗位最低工资或者劳动合同约定工资的百分之八十。"而过去一些用人单位存在滥用试用期的问题。有的企业利用试用期,把大学生当作廉价劳动力,开始许诺干得好就录用,但试用了很长一段时间后一个都不留。这种做法是违法的。

五、残疾大学生相关法规政策

1. 残疾大学生就业相关法规

(1)《残疾人保障法》是我国关于残疾人权益保障的基本法律,其中包含关于残疾人就业、教育、康复、文化生活等方面的规定。

(2)《残疾人就业条例》是我国专门针对残疾人就业制定的法规,明确了残疾人就业的权利和义务,以及政府和社会各方面的责任。

(3)《残疾人就业促进办法》是《残疾人就业条例》的具体实施细则,包括残疾人就业率的考核、残疾人就业服务、残疾人就业培训等方面的具体规定。

(4)《残疾人实用技术培训规定》明确了残疾人实用技术培训的目标、内容、方式、补贴等方面的要求。

(5)《残疾人创业政策解读》是针对残疾人创业的一些具体政策解读,包括税收优惠、创业补贴、创业培训等方面的信息。

2. 残疾大学生就业、创业相关政策

国内针对残疾人就业、创业的政策主要包括以下八个方面。

(1)新增残疾人就业岗位:多地在政策上鼓励和推动党政机关、团体、企业按比例安排残疾人就业,同时通过创建各种就业孵化基地和电商直播培训基地,为残疾人提供就业技能培训和自主创业支持。

(2)残疾人就业服务:广西北海等地通过创建"扶志家园"等就业平台,为残疾人提供装配电子元件等就业机会,以及康复训练和生活自理能力训练;开展残疾人就业"三年促进专项行动";提供多元化就业服务。定期举办就业援助月等专项服务活动,开展"一对一"重点帮扶,确保残疾人零就业家庭动态清零。

(3)辅助性就业和培训:山西等地为残疾人提供辅助器具适配服务,以及职业技能培训,如电子元件装配等,帮助残疾人提高生活质量和独立生活能力。

(4)就业补贴和税收优惠:为了鼓励残疾人就业,政府为残疾人提供税收优惠、补贴补助等政策,以及为困难残疾人家庭实施无障碍改造。

(5)残疾人教育与培训:政府推动残疾儿童抢救性康复救助工程,将康复救助年龄扩展

到 0～15 岁，并为残疾大学生和困难家庭大学生提供资助。

（6）生活保障：宁夏等地提高低保、孤儿养育津贴、残疾人补贴等标准，以提高残疾人的基本生活保障。

（7）政策法规：山西等地制定实施《残疾预防和残疾人康复条例》办法和辅助器具适配补贴办法，为残疾人就业和康复提供政策保障。

（8）维护残疾人权益：政府督促用人单位依法为残疾职工提供合适的劳动条件、劳动保护以及合理便利；开通"12385"残疾人服务热线和法律救助网络系统，近百万人次残疾人接受法律咨询服务；持续开展根治欠薪、人力资源市场秩序清理整顿等专项行动；对通过各种形式就业的残疾人及相关单位均给予补贴支持。

国家促进企业招收残疾人员工的主要政策如表 7-1 所示。

表 7-1　国家促进企业招收残疾人员工的主要政策

政 策 文 件	主 要 内 容
《财政部国家税务总局关于安置残疾人就业单位城镇土地使用税等政策的通知》（财税〔2010〕121 号）	安置残疾人就业的单位减免城镇土地使用税
"财税〔2016〕36 号"文件附件 3《营业税改征增值税试点过渡政策的规定》	残疾人福利机构提供的育养服务、残疾人本人为社会提供的服务，依法免征增值税
《财政部 国家税务总局关于促进残疾人就业增值税优惠政策的通知》（财税〔2016〕52 号）	对安置残疾人的单位和个体工商户，由税务机关按纳税人安置残疾人的人数，限额即征即退增值税
《财政部 国家税务总局关于扩大小型微利企业所得税优惠政策范围的通知》（财税〔2017〕43 号）	残疾人创办的企业，年应纳税所得额低于 50 万元（含 50 万元）并符合小型微利企业条件的，其所得减按 50%计入应纳税所得额，按 20%的税率缴纳企业所得税
《中华人民共和国企业所得税法》《中华人民共和国企业所得税法实施条例》	企业安置残疾人的，在按照支付给残疾职工工资据实扣除的基础上，可以在计算应纳税所得额时按照支付给残疾职工工资的 100%加计扣除

总体来看，政府正从多方面着手，努力为残疾人提供更多的就业机会和支持，以提高残疾人的就业率和生活质量。

案例链接

全国首例"残障就业歧视案"

【案情介绍】

分享人：李文光

我患有先天性脊髓灰质炎，家在河南，英文专业，大专学历，2012 年参加工作，目前从事跨境电商行业。

2021 年，我从泰国回来，想在深圳找工作，就去一家公司面试。面试时，人事主管和部门经理和我聊得很愉快。我对他们的印象都很好，他们也很爽快，当天就发了录用通知给我，定了入职时间。

随后，我去做了入职体检，一切都看似顺利地按流程往下走。但是，一天下午，人事主管突然把我叫过去，说我的体检结果有问题，无法入职。

人事主管的意思是，我有肢体残疾，用我有风险。我回复说："对于体检结果，我一项一项地和医生核实过,医生说我没有问题,可以胜任工作。"

人事主管本人很不错,她一次又一次向领导反馈我的情况,但每次都得到"不行"的回复,至于我到底是哪里不符合岗位要求,领导答不上来,只说法务觉得我是"高风险人物"。

总之,他们说我不能入职他们公司。

我很气愤,当天就走了。事后,我找了律师协助我走司法程序,维护自己的权益。

整场官司打下来,花了2年时间。我知道,最后可能赔钱不多,但我要去打这个官司,一方面是希望尽可能维护自己的权益,另一方面就当成做公益,履行自己的社会责任。

【案情分析】

与残疾人有关的最重要的一部法律是《中华人民共和国残疾人保障法》(简称《残疾人保障法》),1991年实施,里面有关于"禁止歧视、侮辱、侵害残疾人"的规定。

在就业层面,《残疾人保障法》特别规定用人单位在职工的招用、聘用、转正、晋级、职称评定、劳动报酬、生活福利、劳动保险等方面,不得歧视残疾人。

后来,《残疾人保障法》在修订过程中新增了用人单位在职工的招用等方面歧视残疾人的,由有关主管部门责令改正,而且残疾人劳动者可以依法向人民法院提起诉讼的规定。

《残疾人保障法》关于禁止歧视残疾人的有关规定如图7-1所示。

中华人民共和国残疾人保障法

第三条　禁止基于残疾的歧视。禁止侮辱、侵害残疾人。

第三十八条　在职工的招用、转正、晋级、职称评定、劳动报酬、生活福利、休息休假、社会保险等方面,不得歧视残疾人。

第六十四条　违反本法规定,在职工的招用等方面歧视残疾人的,由有关主管部门责令改正;残疾人劳动者可以依法向人民法院提起诉讼。

图7-1 《残疾人保障法》关于禁止歧视残疾人的有关规定

在劳动就业领域的专门性法律中,如《劳动法》,也有相应的规定,如图7-2所示。

中华人民共和国劳动法

第十二条　劳动者就业,不因民族、种族、性别、宗教信仰不同而受歧视。

第十四条　残疾人、少数民族人员、退出现役的军人的就业,法律、法规有特别规定的,从其规定。

图7-2 《劳动法》关于禁止歧视残疾人的有关规定

另外一部非常重要的法律是《中华人民共和国就业促进法》(简称《就业促进法》),该法规定国家保障残疾人的劳动权利，用人单位招用人员不得歧视残疾人，同时规定劳动者可以向人民法院提起诉讼，如图 7-3 所示。

中华人民共和国就业促进法

第三条 劳动者依法享有平等就业和自主择业的权利。

劳动者就业，不因民族、种族、性别、宗教信仰等不同而受歧视。

第二十九条 国家保障残疾人的劳动权利。

用人单位招用人员，不得歧视残疾人。

第六十二条 违反本法规定，实施就业歧视的，劳动者可以向人民法院提起诉讼。

图 7-3 《就业促进法》关于禁止歧视残疾人的有关规定

法律规定是非常明确的，不允许基于残疾的就业歧视，如果用人单位歧视劳动者，劳动者就可以借助法律维护权益，维护权益的路径也很明确，就是以“平等就业权纠纷”向人民法院起诉。

课后作业

1. 扫描二维码 7-2，学习“就业维权”的内容。
2. 试分析如何保护残疾大学生在试用期或实习期的个人权益。

就业维权

第三节 就业信息渠道与基层岗位

一、求职渠道

（一）秋季招聘

秋季是高校宣讲会和招聘会的高峰期，企业多、质量高，时间充沛，是大学生找工作的最好时间。

（二）春季招聘

春季招聘通常岗位较少，多为企业补招，但各省公务员、事业单位等体制内的考试较多。

（三）企业宣讲会

企事业单位到全国各大高校开展与招聘相关的主题讲座，有助于增进大学生对行业的理解，提高大学生应聘进入笔试的概率。

（四）招聘会

招聘会一般由政府人力资源机构或者高校就业中心举办，通常可以现场直接提交简历并面试，有助于提高网络申请通过率。

除以上渠道外，残疾大学生还可以通过各地残疾人联合会、残疾人劳动就业服务中心、各类就业服务机构和就业市场、个人和家庭的各种社会关系等途径了解相关信息。

二、网络就业服务平台

（1）就业在线。登录国务院客户端小程序→电子社保卡→"就业在线"，从中可以了解就业政策和全国招聘会信息。

（2）中国公共招聘网（www.job.mohrss.gov.cn）。该网站由人力资源和社会保障部主办，提供中央和国家机关所属事业单位公开招聘服务平台、各省事业单位招聘信息、各省公共就业人才服务网站等服务。

（3）国家大学生就业服务平台（www.ncss.cn）。该平台由教育部主管，教育部学生服务与素质发展中心运营，提供全国各省区市高校就业服务网站、毕业生就业指导网课、24小时365天网上校园招聘等服务。

（4）中国国家人才网（www.newjobs.com.cn）。

（5）中国人事考试网（www.cpta.com.cn）。

（6）中国残疾人就业创业网络服务平台（www.cdpee.org.cn）。

三、面向高校毕业生的基层岗位

（一）大学生村官

大专以上学历的应届或往届大学毕业生到农村担任村党支部书记、村委会主任助理或其他村"两委"职务。

（二）三支一扶

大学生毕业后到农村基层从事支农、支教、支医和扶贫工作。

（三）西部志愿者

应届毕业生以志愿服务的方式到西部贫困县的乡镇从事为期1~2年的教育、卫生、农技、扶贫，以及青年中心建设和管理等方面的工作。

（四）社区工作者

在社区党组织、社区居委会和社区服务站专职从事社区管理和服务工作并与街道（乡镇）签订服务协议的工作人员。

（五）特岗计划

招聘高校毕业生到农村义务教育阶段学校任教。

知识拓展

残疾人就业现状

图7-4显示了残疾人就业的实际情况。在各行业为残疾人提供的岗位中，消费零售和加工制造行业占比较大，这是由于劳动密集型的传统制造业和简单体力劳动型的低端服务业对残疾类别与等级要求较低的原因。残疾人就业层次低、工作技术含量不高、岗位待遇较差等问题现在仍然普遍存在。换言之，社会对残疾人群体的"低期待"仍然大行其道，残疾人是"被动的、病态的、可怜的"这样的陈旧观念仍未被有效破除。残疾人就业岗位分布情况如图7-5所示。

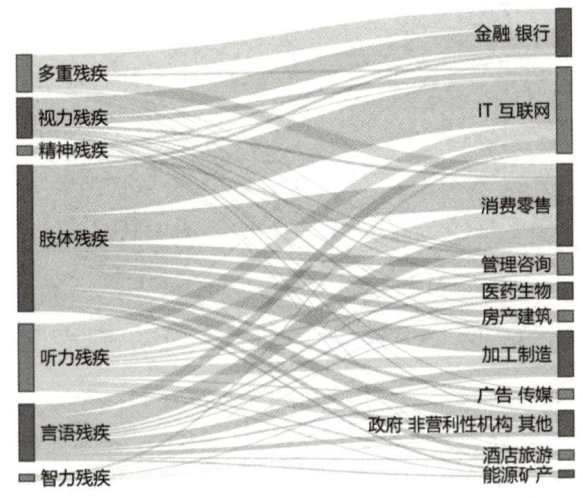

图7-4 残疾人就业的实际情况

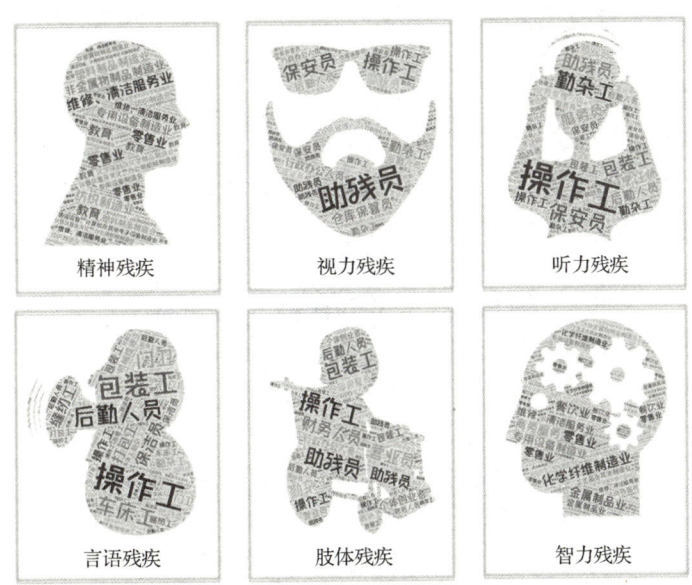

图7-5 残疾人就业岗位分布情况

但是，令人惊喜的是，互联网行业（如新媒体运营、电子商务等）新兴就业岗位招聘残疾人员工的数量并不少。对于普通人而言，互联网改变了生活；对于残疾人而言，互联网颠覆了生活。它让残疾人突破了很多束缚，看到了更大的世界，也同样被世界看到。

中国残疾人联合会与阿里巴巴集团联合推出的"淘宝创业公益通道""淘宝云客服"等残疾人创业、就业公益项目在全国范围落地，帮助弱势群体及残疾人实现了网上就业、创业，残疾人也能凭借自己的劳动获得一份体面的收入。图7-6显示了2019年6月阿里巴巴集团统计的公益助残成绩。

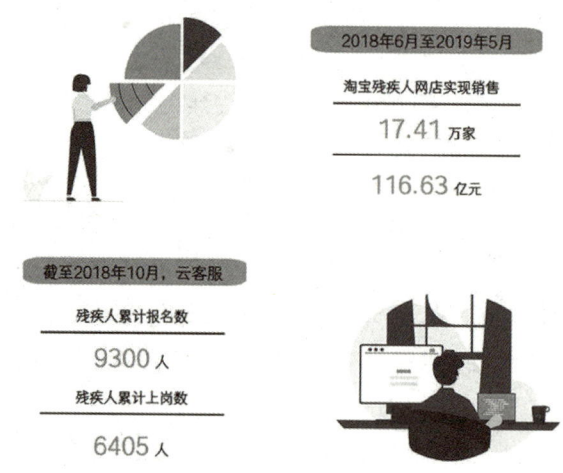

图7-6　2019年6月阿里巴巴集团统计的公益助残成绩

不仅如此，无处不在的互联网，让公平开放、包容便利、普惠共享成为社会主流观念，也促就了残疾人群体多元就业的无限创意。残疾人不仅可以成为在线客服、淘宝卖家，还可以成为有声主播、演说家、咖啡师……喜马拉雅平台建立"因为爱·所以爱"公益助残有声主播培训计划，寻找用声音传递爱与智慧的残疾人；"熊爪"咖啡店为聋哑人创造舒适区，使他们在工作中感到平等与受尊重；越来越多的行业出现了残疾人的身影，他们拥有了自主选择职业的可能。

课后作业

结合自身专业和实际情况，找出10条以上的就业信息。

第四节　防范就业陷阱

就业是最基本的民生，连着千家万户。人力资源市场作为劳动者求职就业的主要渠道，为促进就业、优化人力资源流动配置发挥了积极作用。但是，个别不法分子打着招聘的幌子，在人力资源市场中布设骗局、坑害劳动者的现象时有发生。有的求职者刚进入职场，急于找到满意工作，防范意识不强，容易落入招聘陷阱。本节梳理汇总了求职招聘服务领域四类典型陷阱，分析不法分子的主要特征及作案手法，并提供了典型案例和防范提示，为高校毕业生等求职者安全高效找到理想工作提供帮助。

一、非法职业中介陷阱

一些没有相关资质、未取得人力资源服务许可，或者冒用、伪造相关资质的"黑中介"，非法从事职业介绍、工作招聘等中介服务活动，甚至其本身就属于子虚乌有。这些"黑中介"大多无法提供真实、合法的工作机会，常打着介绍工作的幌子通过发布虚假招聘信息，以"轻松拿高薪""升职加薪快"等为诱饵，使用各种手段骗取求职者的钱财。

案例链接

日薪 2 万元变成 2000 元

肢残大学生小周毕业后，急切想找一份满意的工作。经人介绍，他在网上与 A 中介机构建立了联系。A 中介机构称缴纳 6.5 万元中介费便可安排小周去 B 集团做销售工作，月薪 2 万元，提成另算。小周在 A 中介机构的网页上没有看到其人力资源服务许可证及相关信息。当他询问情况时，A 中介机构搪塞说许可证正在办理，肯定都是没问题的。碍于朋友情面，小周便没有再深究，很快与 A 中介机构签署了服务协议，支付了中介费，提供了残疾证等相关证件。随后，A 中介机构告知小周，B 集团因故不招人了，安排小周去 C 公司工作。小周入职 C 公司后，发现工资仅有 2000 元，日常工作压力非常大，还不给自己缴纳社保，与当初介绍的情况完全不一样。当小周想请 A 中介机构再介绍一份工作或退还中介费时，却发现已经联系不上该机构了。

【防范提示】

按照《就业促进法》《人力资源市场暂行条例》《网络招聘服务管理规定》等法律法规规定，相关机构从事职业中介活动、网络招聘服务，应当依法向人力资源社会保障行政部门申请行政许可，取得人力资源服务许可证；从事网络招聘服务的机构，应在其网站、移动互联网应用程序等首页显著位置，持续公示营业执照、人力资源服务许可证等信息，或者相关信息的链接标识。违反有关规定的，人力资源社会保障行政部门将予以相应处罚；构成违反治安管理行为的，公安部门将依法给予治安管理处罚，对构成犯罪的，将依法追究刑事责任。

未经许可擅自从事职业中介活动的"黑中介"，属于典型的违法行为。求职者通过互联网或线下中介服务机构求职，应选择具有正规资质的合法人力资源服务机构，一定要查看其是否取得人力资源服务许可证，最好选择诚信度高、经营规范的服务机构。不要轻信中介机构的口头承诺，一定要在确认相关内容的基础上签订正式服务协议。一旦遇到"黑中介"，要及时向人力资源社会保障部门投诉举报，若个人财物、人身安全等合法权益遭受侵害，请保留好相关证据并立即报警。

二、招聘收费陷阱

（一）入职前先交钱

中介机构还未介绍到工作就以各种名目向求职者收取费用，是最典型的求职招聘陷阱。

不法分子的常用手段，是以押金、保证金、办证费、服装费、资料费等名目收费，之后再以各种苛刻的要求迫使求职者自动放弃求职或离岗，已交纳的费用借故不退还给求职者。这类骗局往往有几个特点：对求职者许以高薪并承诺工作轻松；对学历、工作经验要求很低；面试过程简单，轻易即可通过；收费要得急，看似各有名目，实际并不合理、合法。

> **案例链接**

QQ 群招聘骗局

听障求职者小李在某招聘平台看到 A 公司的招聘信息，根据该信息提供的联系方式，加入了用于应聘的 QQ 群。群主声称 A 公司的招聘工作由 B 中介机构承办，抱着对客户负责的态度，B 机构要对所有参与应聘的人员收取一定数额的保证金。小李到网上核查 A 公司资质，发现 A 公司是比较正规的公司，也就未核实 B 中介机构及相关人员的资质信息，缴纳了保证金、工号费、服装费、培训费、任务押金，共 2000 余元。可是，小李一交完钱，就被 QQ 群主拉黑了。

（二）求职"内推"

个别中介机构或个人宣称与"世界 500 强"、大型国有企业等知名企业合作，具有内部推荐权，求职者只要交纳一定费用，就可以通过其提供的专业辅导或特定途径，顺利获得金融、互联网等热门行业公司的优质录用通知。但这些能"内推""保录用"的承诺往往难以兑现。有的求职者因本身符合相关岗位要求而被录用，这类机构就归功于己；如果求职者没被录用，这类机构就会以种种理由搪塞，拒绝退还求职者相关费用。

> **案例链接**

以职介为名骗取"服务费"

听障求职者小刘在省外就读艺术设计专业，毕业后回老家求职。由于对当地的求职情况不太了解，他便在网上找到一家职介机构。该机构表示"有资源"，能确保他拿到一线互联网公司的设计师岗位。为此，小刘支付了 16999 元服务费，但该机构仅为他提供了两次修改简历的一般课程，对他尽快入职的要求进行敷衍，后期干脆"失联"，承诺的录用通知更是不见踪影。

（三）招聘"套路贷"

不法分子与不良网贷平台勾结，设下购车贷、美容贷等新型招聘陷阱，主要蒙骗毕业不久、初入职场、找工作心切的求职者。

> **案例链接**

为找工作背上巨额贷款

视障求职者小王在某招聘平台获知一私人诊所招募推拿医师的信息，其内容有"有推拿技术、医师资格证即可，每月保底收入 28000 元"。小王面试时，该诊所招聘人员承诺收入能够保底，但前提条件是必须购买他们推荐的高档推拿精油、交住宿房租，可以与他们合作的公司签订贷款合同。在贷款缴纳 2 万多元的费用后，小王发现诊所没有客户和病人，最后不仅没挣到钱，还背上了巨额贷款。

（四）入职捆绑付费培训

一些培训机构或中介公司，以招聘为名变相招生，以高薪、名企工作岗位为诱饵吸引求职者，在面试时向求职者提出"工作能力不足""岗位有从业资格限制"等理由，要求进行入职培训或考证培训，并承诺完成培训后即可上岗。求职者交付培训费用后，此类培训机构不会提供承诺的工作，或者以不能满足岗位需求等理由，在求职者刚一上岗就予以解雇。更有的企业，一旦收取求职者的培训费后，就即刻"人间蒸发"。

案例链接

找工作遭遇自费"培训"

A 公司在某招聘平台上以"高薪+零招聘条件"为诱饵招聘程序员，肢残大学毕业生小高被吸引投递简历并参加了面试。面试之后，A 公司以所学专业不对口为由，要求小高参加公司组织的自费培训，之后方可正式录用。小高没有多想，就在入职前的"实习期"签署了"协议"，培训费高达数万元。后来，小高逐渐发现，A 公司提供的培训都是线上视频网站的网课，长时间未安排实质性工作，最后以种理由使自己无法通过实习期。这时，小高才意识到，工作没找到反而花了一笔"培训"的冤枉钱。

【防范提示】

《劳动合同法》第九条明确规定，用人单位招用劳动者，不得以任何名义收取劳动者财物。《人力资源市场暂行条例》第二十七条规定，人力资源服务机构接受用人单位委托招聘人员或者开展其他人力资源服务，不得采取欺诈、暴力、胁迫或者其他不正当手段，不得以招聘为名牟取不正当利益。违反有关规定的，人力资源社会保障行政部门将予以责令改正、没收违法所得、罚款、吊销人力资源服务许可证等处罚；给个人造成损害的，依法承担民事责任或由有关主管部门依法给予处罚。

此类在招聘过程中花样繁多的收费行为，多涉及虚假招聘和骗取财物。用人单位、人力资源服务机构应严格遵守有关法律法规，合法、诚信经营，不得开展和参与虚假招聘等违法违规活动。收费"内推""保录用"等多属虚假宣传，涉嫌违法违规，求职者千万不可抱着"走捷径""靠关系"等心态轻信骗子的谎言，应通过正规网络招聘服务平台等人力资源服务机构或用人企业官网求职。求职者对有应聘意向的企业，最好事先通过第三方平台等渠道核查其相关资质，若企业在求职过程中以各种理由要求租用、购买各类工作设备或交钱、贷款才能够安排岗位的，应果断拒绝，以免上当受骗。员工培训成本一般应由用人单位承担，对经过付费培训可录用、包就业等说法，求职者一定要警惕，谨防被坑骗。求职者落入骗局，切记保留好相关证据，及时报警并向人力资源社会保障部门投诉举报。

三、以招聘为名诱骗从事违法活动陷阱

（一）兼职"刷单"

不法分子通常会在一些知名网站、论坛、各类网络服务平台上发布事先编造好的招工信息，以"高薪急聘""学历不限"等字眼博取关注。求职者一旦点击进入链接后，便会被要求通过加QQ、微信等方式进一步"单聊"或"详谈"，逐步暴露更多个人信息并被诱导下载"刷单"小程序。求职者落入陷阱，最初几次"刷单"会轻松赚得几百元，随后为获得更高比例佣金而垫付更多金额，直到自己将相当数额的资金转入了不法分子指定的账户，结果被对方迅速拉黑。

案例链接

"刷单"骗局

伪装成正规企业的A公司在招聘平台发布"文员"职位招聘信息，声称"可在家办公，日结高薪，月入过万元，工作轻松自由"。电子商务专业毕业的听障求职者小赵在网上向A公司投递简历后，很快就被告知可以进入工作试用期了，并被要求下载一款小程序从事"刷单"工作。这项工作需要小赵在各大电商平台购买指定商品，商品大多为充值卡、网络服务等虚拟产品。小赵在购买商品后，需要通过付款截图和订单号联系A公司获得收益。起初，小赵还会得到小额收益，但当加大"刷单"商品价值时则被企业告知，由于系统或银行问题暂时无法返款，需要再多刷几笔订单才可集中返还收益。小赵因为想要拿回支付商品的本金并获得收益而被套取了更多钱款，最终损失达数万元。

（二）传销"拉新"

传销组织具有收取入门费、拉人头、金字塔结构的营利模式等典型特征。近年来，在有关部门的严厉打击下，一些传销组织转为通过布设网上招聘陷阱拉新人、发展下线。这类传销组织在招聘平台发布招聘信息，以"勤工俭学""招聘兼职""高额回报"等为诱饵，吸引求职者应聘。一旦求职者落入圈套，传销组织便会要求其缴纳一定费用或购买某种产品，并指派各种"推销任务"。这类传销活动本身具有一定迷惑性，又往往通过网络招聘等手段实施，更增加了其隐蔽性。

案例链接

应聘落入传销陷阱

一家自称某电信服务代理商的公司，在网络招聘平台广泛发布招聘信息。该公司对所有应聘者一概录用，并要求应聘者入职时办理每月159元、押金1440元、合约期为24个月的5G通信套餐员工卡，应聘者唯一的工作就是每月招聘不少于10名新人，以此不断发展下线。此案造成很多人员被骗，有的受害者甚至深陷其中，在该公司被打击处理后依然不认为自己已落入骗局并从事了违法活动。对此，有关部门向受害者讲解国家禁止及打击传销活动的法律规定，剖析传销陷阱及其严重危害，让受害者认识到传销活动无论包装成什么样子、变换

什么形式，都改变不了其违法犯罪的实质。

（三）色情招聘

这类招聘陷阱的目标多为年轻女性，常常以招聘"行政秘书""生活助理"为名，有的还打着招聘网络主播等新兴职业的幌子，或明或暗要求"特殊陪伴""专项服侍"等，实质上是要求女性求职者从事违法色情服务。

> **案例链接**
>
> #### 警惕招聘背后的违法犯罪
>
> A 公司通过某网络招聘平台发布"高薪招聘客房服务员"的信息，且明确表示"欢迎26岁以下，身心健康，能自由支配时间，面临各种困难、需要高收入的佳丽应聘"。青春靓丽的听障女孩小丽应聘后，被 A 公司负责招聘的人员约至某酒店客房进行"面试"，没什么求职经验的小丽虽然感觉面试地点及方式有些奇怪，但还是禁不住优厚条件的诱惑去参加了面试。在面试中，A 公司招聘人员隐晦地说"我们这边是招聘高薪岗位员工，美女应该清楚是做什么吧"，并提出了"每月5万元至10万元起薪，包吃住、日结工资"等具有相当吸引力的"福利待遇"，还不断打听"是否已婚""有没有交男朋友"等个人隐私信息。此时，小丽才意识到这份工作"不简单"，于是机智地找借口及时离开，避免遭受侵害。

（四）盗用个人信息

一些不法分子以招聘的名义，打着"高薪兼职""点击返现"等幌子进行电信网络诈骗，诱导应聘者办理银行卡、手机卡或注册小程序账户。这些银行卡、手机卡或小程序账户会被不法分子用于诈骗、洗钱等违法活动，一旦相关信息涉案就会直接牵连到持有人，带来个人征信受损或必须承担相应法律责任等风险。

> **案例链接**
>
> #### 以招聘为名骗取个人信息
>
> A 公司在招聘平台发布"轻松兼职，只需身份证，十分钟搞定，工资优厚"等信息。肢残者小何抱着试试看的心理，添加 QQ 号码前去应聘。对方告诉他，入职后工资会通过公司内部平台打入其工资卡，但在面试前要先下载某款小程序并绑定银行卡。小何照办了，但没想到面试迟迟没等来，却接到了公安部门的电话，告知其名下银行卡涉嫌洗钱等犯罪活动，要求其配合调查。这时，小何才恍然大悟，自己的个人信息被不法分子窃取和利用了。

【防范提示】

通过网络、新媒体等信息技术手段，以招聘为名诱骗求职者从事各类违法违规活动，是近年来较为常见的诈骗手法。对此，求职者要树立正确的择业观念，擦亮识别骗局的"慧眼"，掌握防范陷阱的"招数"，遇到"活少钱多""轻松钱来""躺平赚钱"等"听上去很美"的招聘信息，遇到"天上掉馅饼"的"好事"，一定要提高警惕，多查多问多防备，谨防"踩雷""掉坑"。求职者一旦被骗、遭受侵害，就要立即报警求助，并及时向人力资源社会保障部门投诉举报相关中介机构。

各类人力资源服务机构，要严格落实《人力资源市场暂行条例》《网络招聘服务管理规定》有关规定，接受用人单位委托招聘人员，应要求用人单位提供相关材料，并对材料的真实性、合法性进行审查，不得以招聘为名牟取不正当利益，不得介绍单位或者个人从事违法活动；从事网络招聘服务时搜集、使用用户个人信息，应当遵守法律法规有关个人信息保护的规定。违反有关规定的，有关部门将依法给予相应处罚。

四、劳动合同陷阱

求职者找工作时，还要防范劳动合同陷阱。有的用人单位以种种借口拒绝与劳动者签订书面劳动合同，有的签订合同后没有给劳动者一份合同文本留存，有的签订合同中缺少工作岗位、劳动报酬、劳动条件等具体信息。劳动者到岗工作后，特别是出现一些争议时，就可能被用人单位以没有签订书面劳动合同或者违反劳动合同相关条款为由，拖欠或拒发薪酬。

案例链接

劳动合同暗藏陷阱

求职者小吴在某招聘平台看到 A 公司发布的普工职位招聘信息。他来到 A 公司应聘，有关管理人员明确表示"月薪 2 万元"。在小吴入职签订劳动合同时，A 公司却以少缴个人所得税为由，要求在合同中写明月薪 0.8 万元，并口头承诺会将其余款项以报销住宿费、加油费等方式补齐。小吴因入职心切，签订了劳动合同。在小吴工作一段时间后，A 公司认为小吴不能完全胜任岗位工作，要求他尽快离职。小吴要求公司按照最初明确的 2 万元月薪支付自己一个月工资作为代通知金，并另外支付一个月工资作为经济补偿金，但 A 公司却主张以书面合同为依据，按照 0.8 万元的月薪标准进行相应补偿。

【防范提示】

《劳动合同法》第十条明确，建立劳动关系，应当订立书面劳动合同。已建立劳动关系，未同时订立劳动合同的，应当自用工之日起一个月内订立书面劳动合同。《劳动合同法》第十六条规定，劳动合同由用人单位与劳动者协商一致，并经用人单位与劳动者在劳动合同文本上签字或者盖章生效。劳动合同文本由用人单位和劳动者各执一份。劳动者在入职前一定要仔细阅读并认真签订劳动合同，尤其要核实清楚涉及个人权益的重点条款，这是对自己合法权益的有效保护。对于非全日制工作，《劳动合同法》规定可以订立口头协议，但应注意留存当初做出约定时的有关资料。若因故未能签订合同、订立协议，遇到纠纷应及时寻求人力资源社会保障等有关部门帮助，通过正规渠道妥善解决问题。

课后作业

扫描二维码 7-3，学习"就业陷阱防范"的内容。
你了解到的就业陷阱还有哪些？我们应该如何应对？

就业陷阱防范

第八章 就业心理调适

残疾人在求职择业中,遇到困难、挫折和冲突是不可避免的,关键是懂得如何去调适自己的心态,以减轻或消除心理障碍,用健康的心态去求职择业。

职业是人生的重要组成部分,选择职业就是选择自己的未来,因而树立正确的择业观是十分必要的。

树立正确的择业观,必须认识社会、了解国情,充分认识当前的就业形势,正确处理好国家利益和个人利益的关系。

在择业时必须具备超前意识、危机意识、社会意识,把价值观由个人本位转向社会本位,明确自我实现是一个为社会和他人做贡献,履行社会责任的过程。

第一节 就业心理问题

一、常见就业心理问题

大学生经过大学的学习生活后,在知识、能力和人格方面有了积极的、显著的发展,有着强烈的就业意愿和积极的就业动机。一般来说,大家都准备毕业后在各自的专业领域一展身手,凸显个人价值,以实现自我。然而,当今社会人才济济、竞争激烈,面对各种社会思潮的困扰,面临人生的多重选择,即将进入职场的毕业生往往表现出不同程度的心理矛盾和不适。残疾大学生和普通大学生一样,都面临就业压力,同时面临由于身体方面的原因而造成的额外压力。

在就业的过程中,有部分残疾大学生经过自己的理性思考以及与老师和亲友的交流,能够排解心理困惑,很快调整好心态,选择理想的职业,愉快地走向工作岗位。但是,有些残疾大学生因为各种因素,面对种种压力,出现一些心理和行为的异常,给自己带来不利的影响。

就业心理是相关个体在考虑就业问题、为获得职业做准备,以及在寻求职业的过程中产生的各种心理现象。残疾大学生在求职择业过程中常见的心理问题一般属于职业适应性轻度心理问题。

(一)焦虑

焦虑是由心理冲突或挫折引起的,是紧张、不安、焦急、忧虑、恐惧等感受交织成的情绪状态。有些残疾大学生在面临就业问题时会局促不安，缺乏自信，虽然渴望竞争、渴望公平，但在机遇面前又害怕遭受失败的打击。

绝大多数大学生在求职择业的过程中，都会或多或少地出现焦虑。例如，成绩优秀的大学生担心能否找到实现人生价值的理想单位，学业成绩不理想的大学生担心没有单位选中自己，来自边远地区的大学生因为不想回本地区而焦虑，还有些大学生优柔寡断，因为不知自己毕业后向何处去而焦虑。在残疾大学生中，这种情绪会更加突出。

大学生的上述焦虑状态一般并不会对其未来的职业产生影响。一般来说，适度的焦虑会使大学生产生压力，这种压力可以增强人的进取心，激发人的奋斗精神。但是，如果焦虑不能得到及时的缓解，就可能向病态发展，焦虑者会表现出情绪紧张、心情紊乱、注意力不能集中、身心疲倦、头晕目眩、心悸、失眠等症状。这不但干扰了大学生的正常生活、学习和娱乐，还可能使其失去应有的判断能力和自制能力，成为择业的绊脚石。有些大学生在屡遭挫折之后甚至产生恐惧，一提找工作就紧张，甚至带来躯体症状的异常生理反应，如头痛、头晕、血压不正常、消化紊乱、背痛、肌肉酸痛、口干、心慌、尿频、饮食障碍或睡眠障碍等。这些症状若不及时排除，就会危及大学生的身体健康和心理健康。

（二）自卑

自卑心理表现为对自己的能力评价过低，看不起自己，这源于对自己不客观评价和对自己的消极暗示。反复消极暗示可能导致人的认知功能丧失。这种消极有害的心理在不少大学生身上存在，尤其是一些自我意识发展不健全的大学生。残疾大学生因为生理上的缺陷，会表现得比较自卑和怯懦。自卑心理会成为他们择业乃至生活的最大障碍。有些残疾大学生过分注意自己的缺陷或不足，抱有悲观看法，从而对自我能力评价过低，不能充分认识自身的优势，在职业定位中缺乏自信，过分降低自己的职业期望值，不敢应聘那些自己完全能够胜任的挑战性职位。部分残疾大学生在择业受挫后，轻易看低自己，悲观失望，丧失信心，自暴自弃。他们通常在择业时缺乏主动争取和利用机遇的心理准备，认为自己竞争力不够，不敢大胆推荐自己，不敢主动、大胆地与用人单位交谈，不能很好地向求职单位展示自己的才华。也有部分残疾大学生，担心受到歧视，害怕受到别人异样的目光，不愿意接触社会大众。这种心理严重妨碍了一部分残疾大学生正常的就业竞争，使那些原本在某些方面比较出色的残疾大学生陷入不战自败的困境，常常坐失良机，求职成功率降低。

（三）依赖

就业中的竞争为大学毕业生提供了公平的竞争环境。竞争让大学毕业生获得了在一定范围内直接选择职业和用人单位的机会。但是，在求职中，大学毕业生的依赖心理还是普遍存在的，有的大学毕业生缺乏自我选择决断的能力，择业信心不足，不积极主动为就业做准备，不敢或不愿意面对激烈的就业竞争，将希望寄托在家长、亲朋好友和学校身上。残疾大学生的依赖被动心理主要体现在求职过程中，很大一部分残疾大学生缺少主动参与就业市场竞争的胆量与勇气，一味地依赖学校或父母、亲友，不能主动到社会中去求职，"等、靠、要"的思想严重。他们不愿主动追求理想的职业，缺乏主见，不能完善地表达自己，依赖残疾人联合会、学校或家庭帮助自己找工作。在就业过程中，他们想当然地认为自己是残疾人，会被看不起，与他人竞争的成功概率不高。

（四）固执

部分大学生的择业观念不正确，心理定位偏高，往往不切实际地追求收入丰厚、社会地位高、福利待遇优、地理位置好、风险小和工作轻松的用人单位，而对一般的单位百般挑剔，甚至提出过高的要求。固执的就业心理表现在残疾大学生身上，主要体现在就业过程中对某个自己心仪的单位或者职位的偏执，即使自己条件不足以满足用人单位的要求也一意孤行。在择业时脱离实际，当就业目标与现实产生很大的反差时，结果必然不理想，迟迟不能落实工作单位。看到别人都签了约，他们常常牢骚满腹、抱怨"上苍不公"和"命运戏弄"，对社会、学校和他人都可能怀有不满情绪；有时也会向相反方向发展，一旦梦想变成泡影，心理就会出现孤独、失落等现象。

（五）攀比

攀比是大学毕业生普遍存在的求职心理之一，每位大学毕业生都希望自己的工作无论是薪水还是福利都比其他人好，这种想法是人之常情。部分残疾大学生长期受到政府、学校、家庭的关爱与保护，缺乏艰苦创业的心理准备，不能从小事做起，从基层做起。一些残疾大学生不从自身实际出发，不考虑所选单位是否适合自己，而是互相攀比，用自己身边残疾大学生的择业标准来定位自己的择业标准。这种定位要么引发期望和能力的矛盾，导致用人单位排斥；要么引发同学之间的攀比和竞争，忽视自身的个体特异性与自我创造性，导致个人价值取向的从众心理，对职业产生急功近利的思想。这种盲目求高心理，是不少残疾大学生就业时"高不成，低不就"的心理诱因。有的人已经落实了工作单位，一听别人选择了比自己知名度高、效益好的工作单位就心理不平衡，有的人索性与已经签约的工作单位解约，又重新回到选择职业的队伍中。这种互相攀比、见异思迁的不切合实际的择业心理，对残疾大学生求职择业很不利。残疾大学生在求职时，重要的是要考虑未来的职业发展机会、企业方向与管理水平等前瞻性因素，在职业发展中体现自我价值，而不单纯是薪水、福利等因素。

二、残疾大学生各种就业心理问题产生的原因分析

（一）个人因素

1. 青年期特有的心理特点

大学生毕业时一般是在 23 岁左右，处在这个时期的青年多幻想，好冲动，接受事物快，自我意识强。同时，也有部分大学生心理发展还不成熟、不稳定，生理与心理发展明显不同步，再加上他们的知识结构不完善，每个人的生活体验又有差别等因素，因而个性心理特征有较大差异，在求职择业中表现出心理活动的复杂性和矛盾性。

2. 社会实践经验缺乏

大学生对社会了解不多，在观察问题、分析问题、处理问题时，只是将书本上讲的内容生搬硬套，缺少理性眼光。在自我评价上，有的大学生因为学到了一些专业技能便夸夸

其谈,在择业时期望值容易过高,缺乏承受挫折的心理准备,也有的大学生过多地看到社会阴暗面,在择业时期望值较低,有时过分依赖家长、老师,缺乏主动进取和抓住机遇的心理准备。

3. 个人期望值较高

在人们的传统意识中,大学生是受到尊重和羡慕的,有些残疾大学生来自偏远的农村地区,是当地出来的为数不多的大学生之一,因此对自己的就业期望值定得很高,从而可能形成心理误区。他们期望从事稳定、比较有发展潜力的职业,将其作为自己的首次择业目标。他们认为首次就业对人生乃至以后的职业发展都有重要影响,希望是一份稳定的终生的工作,因此对于首次择业抱有过于苛刻的态度。

(二)家庭因素

家庭是一个人成长的重要阵地,一个人的生活习惯、性格特征、行为习惯等都与自己的原生家庭密不可分。残疾大学生的家庭环境、家庭经济状况、父母对他们的关注程度等各方面因素都对残疾大学生的就业心理产生重要的影响。在就业过程中,一些家境较好、父母对他们关注较多的学生将希望寄托于父母,对家庭比较依赖。在就业过程中,他们虽然会自己尝试去找工作,但工作地点都选择在家乡,有些人甚至直接听从家里的安排。

(三)学校因素

学校里的专业设置是否符合残疾人本身的生理特点,其专业设置是否与社会需求相对接,也是影响残疾大学生就业的一个重要因素。当前,我国学校专业设置的"刚性"很强。从设置口径看,专业规定的主干学科或主要学科基础及业务范围的覆盖面较窄。从设置方向看,相当多的专业在其本已狭窄的口径之内又继续分化出不同的专业方向。这进一步导致专业设置的僵化。从设置时间看,学生往往一进校门就定专业,毫无选择专业的准备时间。从设置空间看,学生的专业确定之后,基本没有变动的空间和更改的可能。在市场经济体制下,市场需求瞬息万变,越来越凸显出这种专业面窄、职业适应性差、可替代性差的人才培养模式与社会发展需求间的不适应。

(四)社会环境因素

近年来,国家出台了一系列政策法规,保障残疾人顺利就业。在残疾人就业三大模式中,按比例就业和个体自主就业对保障残疾大学生高质量就业提供了保障。但是,很多用人单位并不愿意接纳残疾大学生,对残疾人的就业歧视仍是极为普遍的社会现象。第二次全国残疾人抽样调查资料显示,我国的残疾人在业率仅为30.4%。有的残疾人认为求职非常难。在所有影响残疾人就业的外部因素中,歧视被排在首位。企业对残疾人的歧视是影响残疾人就业的最主要的因素。企业主要以经济效益为出发点,认为招收残疾人就意味着要承担许多后续问题,会增加企业负担,因此拒绝为残疾人提供工作岗位。

课后作业

1. 扫描二维码8-1学习"就业心理测试"的内容。
2. 分析讨论自己和同学有哪些就业心理问题。

就业心理测评

第二节 就业心理准备

一、维护健康心理的准备

要让残疾大学生形成健康的就业心理，不仅需要残疾大学生自身努力，也需要社会、学校、家庭各方面努力。内因是关键，残疾大学生应该从自我实际情况出发，积极调适自己的就业心理，主动地、自觉地适应环境，客观地分析自我与现实，从而保持稳定而积极的心态，达到合理择业、顺利就业和健康成长的目的。具体来说，残疾大学生可以从以下四个方面去努力。

（一）客观冷静地认识社会和评价自己

苏格拉底说："未经审视的生活，还不如没有的好！"

正确认识社会和评价自我是进行自我调适的基础。在求职择业前，首先应认清就业形势，考虑自己的专业和理想的职业在社会上的需求量如何，竞争强度如何；自己的理想职业与自己所学的专业是否相符，如果不相符，应该如何弥补；要去求职的单位对求职者有何具体要求；等等。综合考虑以上因素，确立就业目标。同时，正确认识和评价自我，即认真客观地分析自己的兴趣特长、性格气质、能力水平等，思考自己想干什么、能干什么、竞争力如何，既要充分挖掘自身优势，又要理性看待自己的不足，从而正确定位，科学进行入职匹配。工作好与不好是相对的，对别人合适的工作，对自己不一定合适，因此一定不要盲从，要时时记住，只有适合自己的才是最好的，为理想的职业做好择业知识、能力和心理方面的准备。

（二）合理规划自己的职业生涯

在求职过程中，要顺利就业，就应调整自己过高的就业期望值。这并不是说对工作单位不做选择，而是要在职业生涯规划和职业发展观念的基础上重新确定自己的人生轨迹。也就是说，要树立长远的职业发展观念，放弃过去那种"一次到位，绝对安稳"的观念。从长远目标着手，当目前获得理想职位的时机还不成熟时，应该学会调整自己的目标，先就业，再择业，在工作中不断积累工作经验，增长阅历，为今后的职业生涯做更充分的准备。

（三）积极行动，增强自信心

在就业竞争日益激烈的今天，残疾大学生在择业过程中应该不断增强自主择业意识，对自己充满信心，主动出击，多搜集有关的职业信息，多参加一些招聘会，学会展示自我、推销自我。在择业过程中，要坚定自己的立场，根据自己的专业和自身的特点去选择职业，不能随波逐流。即使暂时失败，也不能悲观气馁，要迅速找到自己失败的原因，并积极调整自身的定位，对自我做出客观的分析。这样一来，择业信心就不会因暂时的失败而消失。

（四）调整就业心态，促进人格完善

在求职时，自己或身边的同学出现一些不健康的心态是正常的，没有必要过度担心自己

有心理障碍。当然，对于这些不良心态，要学会主动调适，在必要时可以寻求心理老师的帮助。进行自我心理调适的方法有很多。首先，可以进行积极的自我心理暗示，鼓励自己、相信自己，帮助自己渡过难关。其次，可以向朋友、老师倾诉，向他们寻求安慰与支持，找回理性的自我，维护和增强自己的心理健康。最后，可以通过体育锻炼、听音乐、郊游等方式转移自己的注意力，排解心中的烦闷，放松自己的心情。

案例链接

"腿瘸但不放弃的自己"

杨勇，右腿残疾，从重庆某职业学院毕业，正在四处参加招聘会。杨勇学的是汽车修理，参加了几场招聘会，效果都不理想。他知道，他在挑选单位的同时，单位也在挑选他，这是双向选择，无可厚非。

他有时也会有些失望，自己虽然在专业上比其他人努力，但因为右腿残疾，找工作时选择面受限。不过，他很快就重新振作起来。他总说："我不会产生自卑心理，我有信心找到一份好的工作。"

毕业季的残疾大学生就业专场招聘会，杨勇有备而来。到达现场后，杨勇逐个询问招聘企业的工作人员，并留下了自己的联系方式。让杨勇有些惊喜的是，他在现场遇到了曾经实习过的企业的前辈，大家对他还有印象，尽可能为他提供帮助和便利。

一家以零部件制造、塑料改造材料研发等为主的公司，对杨勇非常满意。工作人员认为杨勇在实习期间表现非常不错，虽然腿不方便，但踏实努力，当时就有意愿留下他，只是当时他还没有获得毕业证。现在，杨勇拿到了毕业证，就可以准备入职体检了。在该公司在职员工中，有90多个残疾人。对于有意向的残疾大学生，他们会视具体情况安排相应的岗位。

杨勇表示，自己不好高骛远，有非常清晰的认知。他觉得，现阶段，自己求职就是求一个稳字，这家公司是不错的选择。

二、常用心理调适方法

残疾大学生若要控制自己的心境、自觉调整内在的不平衡心理、增强心理素质、保持乐观向上的情绪，就需要不断地对自己进行心理调适。下面介绍几种常用的心理调适方法，供大学生在择业过程中根据自己的实际情况有选择地加以使用。

（一）自我激励法

自我激励法主要是指用生活中的哲理、榜样的事迹或明智的思想观念来激励自己，同各种不良情绪进行斗争，坚信未来是美好的，因为失败、挫折已经成为过去，要勇敢地面对下一次挑战，尽可能把不可预料的事当成预料之中的事，即使遇到意外或择业受挫，也要鼓励自己不要惊慌失措、冲动、急躁，而要冷静思考，寻找对策。残疾大学生在择业过程中，要相信自己的实力，通过自我激励，增强自信心，消除自卑感，保持良好的情绪和心态。

（二）注意转移法

注意转移法即把注意力从消极情绪转移到积极情绪上。当不良情绪出现时，可以采取转移注意力的方法寻找一个新的刺激，激活新的兴奋中心，以抵消或冲淡原来的兴奋中心，使不良情绪逐渐消失。例如，听音乐、参加体育运动、接受大自然的熏陶、参加有兴趣的活动等，使自己没有时间沉浸在因各种原因引起的不良情绪反应中，以求得心理平稳。

（三）适度宣泄法

当遇到各种矛盾冲突而引起不良情绪时，应尽早进行调整或适度宣泄，使压抑的心情得到缓解和改善。宣泄的较好方法是向你的挚友、师长倾诉自己的忧愁和苦闷，使不良情绪得到疏导。在倾诉烦恼的过程中，可以获得更多的情感支持，获得认识问题和解决问题的新思路，增强克服困难的信心；也可以通过打球、爬山等运动量较大的活动，消除压抑心理，恢复心理平衡。但是，宣泄应该注意场合、身份、气氛，要适度，应该是无破坏性的。

（四）自我安慰法

自我安慰法，关键是自我忍耐。大学生在择业中，常常会遇到挫折，当通过主观努力无法改变时，可以适当地进行自我安慰，以缓解矛盾冲突，消除焦虑、抑郁、烦恼和失望的情绪，这样有助于保持心理稳定。在因挫折而产生情绪困扰时，可用"亡羊补牢，犹未为晚""塞翁失马，焉知非福"等话语来自我安慰，以从烦恼中解脱。

（五）合理情绪疗法

人的情绪困扰是由于不正确的认知，即非理性信念造成的。因此，通过认知纠正，用合理的思维方式代替不合理的思维方式，可以最大限度地减少不合理的信念给人们的情绪带来的不良影响。例如，有的大学生择业不顺利就怨天尤人，认为"人才市场提供的岗位太少""用人单位要求太高"，其原因就在于只从客观上找原因，认为"大学生择业应当是顺利的""社会应该为大学生提供充足的岗位"。正是由于这种不正确的认知信念，为当事者带来了不良情绪，而这种不良情绪恰恰来自自己。所以，如果能改变不合理的观念，调整认知结构，不良情绪就能得到克服。

自我调适的方法还有很多，如环境调节法、自我静思法、广交朋友法、松弛练习法、幽默疗法等。这些都是应变的一些方法，但最主要的是残疾大学生要树立正确的择业观，对择业充满信心，注意磨炼自己的意志，培养乐观豁达的态度，不惧怕困难、挫折，始终保持积极向上的精神状态和健康心理。

课后作业

1. 扫描二维码 8-2 学习"职场心理调适"的内容。
2. 如何化解就业过程中的心理问题？

职场心理调适

第三节　就业职场适应

俗话说，万事开头难。对于即将迈出象牙塔，踏上工作岗位的大学生来说，走好职业生涯的第一步至关重要。良好的开端是成功的一半，拥有一个好的开端，就会使自己少走弯路；走好第一步，就会为未来整个职业生涯的成功奠定坚实的基础。

一、角色认知

（一）社会角色

社会角色是指由人们的特定社会地位和身份决定的一整套规范和行为模式，是人们对具有特定地位的人的行为的一种期望，是社会群体的基础。随着社会的发展，社会角色的内容不断更新，其内涵越来越丰富。

社会角色的本质是社会赋予人的社会权利与社会义务的统一体。它反映了每个人在社会和人际关系中的地位，是个人身份的显示。社会角色对每一个人来说都是相对的，同一时期同一个人扮演的角色是综合性的、复杂的，总是集多种角色于一身；而人们在不同时间、不同场合和不同环境中扮演的社会角色又是不同的，要行使不同的权利，履行不同的义务，遵循不同的道德规范。

（二）学生角色与职业角色的区别

学生角色与职业角色的区别主要在以下五个方面。

1. 活动方式不同

学生以学习书本知识为主要活动，作为受教育者，其认识社会的途径是间接的，认识的内容主要是理论性的。同时，学生在上学期间多接受来自家庭和社会的供给和资助。学生的学习生活是一种集体生活，学校在管理上对学生有统一的行为规范，这样使学生处在一种接受外界给予的状态下。而社会职业角色要求运用自己掌握的知识和能力，通过具体的工作向外界提供自己的劳动。同时，在遵守法律法规、社会公德和单位规章制度的前提下，职业角色在生活上有较大的自由度。因此，从学生角色转换为社会职业角色，就是一个从接收到运用，从输入到输出的活动方式的转变。

2. 社会责任不同

社会角色的义务就是指社会角色的社会责任。学生角色的主要责任是学好科学文化知识，掌握社会生活基本技能，逐步完善自己，以便将来为社会服务，实现自己的人生价值。而职业角色的责任是用自己掌握的知识，通过具体的工作为社会做贡献，以自己的行为来承担责任。两种不同的角色分别承担不同的责任。

3. 社会权利不同

学生角色的权利是依法接受教育，并取得家庭或社会的经济资助。而职业角色的权利是在开展工作的过程中依法行使职权，并在履行义务的同时取得报酬和其他相应的社会福利待遇。

4. 社会规范不同

学生角色是从教育和培养的角度出发规范学生的行为，如通过制定学籍管理条例、学生生活管理条例等规章制度，对学生的学习和生活提出相应的要求，目的是引导学生健康成长，成为合格的社会主义建设者和接班人。而社会职业角色对从业者行为模式的规范非常具体，而且要求严格执行，一旦违背就必须承担责任，甚至追究法律责任。

5. 全面独立的要求

从学生向职业人员转换，对独立性的要求也相应有了提高。学生在经济上主要依靠家庭资助，在生活上依赖家长关心和照顾，在学业上习惯老师指导，总是处在一种被人扶助的环境之中。学生离开学校，开始职业生涯以后，有了工作报酬，在经济上应该逐步成为独立者；在工作上要能够独当一面；在学习上要自我安排，在日常的工作和生活中通过自身的体验来了解和认知社会；在生活上自己照顾自己。这种全面独立的要求，对青年人提出了依靠自身力量加强自我管理的新课题，也为青年人的发展和自身完善提供了更广阔的空间和自由度。

二、正确认识角色转换

角色转换是对社会关系中个体的动态描述。人的社会任务或职业生涯发生变化，角色也随之变化。从一个角色进入另一个角色，这个过程叫角色转换。

角色转换的根本变化是权利和义务的变化。大学生完成学业，开始工作，由原来的学生角色转变为新的社会角色，而这一转换不是在瞬间发生和完成的，包括取得角色和进入角色两个环节。

（一）取得角色

在大学学习期间，几乎每个学生都要为自己未来的职业进行规划，同时了解社会对人才的需求信息，特别是临近毕业阶段，进行充分的就业准备是毕业生必做的。角色转换就从这时开始。通过多种形式的双向选择，学生与用人单位双方达成协议，再经过一系列审批，学生持报到证到用人单位报到，这时角色转换正式发生。

大学毕业生到了一个新的环境，存在不能完全遵守单位规章制度的可能，还未形成或完全形成职工行为模式。只有在逐渐熟悉了单位的规章制度，了解工作的业务程序，建立新的和谐的人际关系之后，他们才能积极主动地开展工作，完成大学生就业后的社会角色转换。这一时期一般称为角色适应期。每个人的角色适应期的长短是不一样的，一般来说，角色适应期在见习期结束后就基本结束了。

（二）进入角色

进入角色包括获得认可承担某个角色，表现出与这一角色相匹配的品质和才能，积极主动地从精神上和行动上完全投入这一角色。哪怕是做清洁工作，也要全心全意。一个好的工作者，需要具有全方位、多角度地分析问题、解决问题的能力，需要具有极大的工作热情和耐心，需要具有克己奉公、勤恳努力的工作态度，更需要具有不怕苦、不怕累、勇于开拓的创新精神。

在校读书时，大学生了解的知识点比较多，但接触社会少，所以认识问题和分析问题的能力较强，而解决实际问题的能力相对较弱。他们比较理想化地看待现实社会，因而在工作初期不可避免地会遇到一些困难和挫折。这时就需要努力学习新知识，去克服困难。对于自己解决不了的事情，就虚心向领导和同事请教，勤于实践，努力探索，尽快进入新的角色，完成角色转换。

三、在角色转换中需要注意的问题

顺利完成角色转换，是大学毕业生必须经历的一段人生旅程。谁先完成这种转变，谁就能率先进入职业角色，适应工作岗位。在从学生角色向职业角色转换的过程中，由于社会、家庭或自身的原因，大学毕业生往往存在一些不适应的地方。只有正确处理好这些问题，大学毕业生才能顺利实现角色转换。

（一）正确认识理想与现实的差距

1. 书本中的社会与现实中的社会

从小学到大学，学生始终是在家长和师长的羽翼庇护之下快乐成长的，过着十几年如一日的学生生活。书本知识、正面的传统教育，使大学生的思想相对单纯。大学生缺乏与社会"零距离"接触的机会，其理想和期望值与社会现实之间有太大的距离。大学生活是人生最美好的青春阶段，大学生充满朝气、充满信心，为自己的未来编织了无数个美梦。然而，在经历就业奔波，初尝职场的"酸涩"之后，大学毕业生往往产生与以往完全不同的看法，产生较大的心理落差，甚至出现逆反对立情绪。因此，大学毕业生要正确认识学校教育与社会现实的差距。

2. 理论知识与岗位需要的距离

不少大学毕业生抱怨大学期间所学的专业知识到了用人单位之后派不上用场，所学非所用。造成这种情况的原因，要么是解决岗位问题需要的知识书本上没有，要么是岗位需要的技能学校没有相关的课程；要么知识过于陈旧，要么脱离实际，有的甚至与岗位实际情况相左。社会对大学生的要求过于苛刻，尤其对重点大学的毕业生期望太大，提前把部分市场竞争压力转嫁到毕业生身上，盲目地要求大学毕业生有相关行业的从业经验。但客观现实是，大学毕业生作为新人，是不可能有太多从业经验的。这些要求在无形中加大了大学毕业生的心理压力。因此，被置于尴尬境地的大学毕业生只能尽可能快地发现差距、认识差距，而且做好把自己"重新归零"的心理准备，从岗位实际出发，开阔视野，为自己打开新局面。

3. 鸿鹄之志与客观环境的差距

大学生接受的是正规教育，思想健康，满腔热情，要在社会大舞台上大展宏图。但是，初到单位，他们往往发现事与愿违。有的地方缺人才，却在浪费人才；有的单位领导思想观念落后，压制人才。不少大学毕业生工作不久就心灰意懒，转而跳槽。大学毕业生应正确认识个人理想与客观现实的差距，理性对待，冷静处理问题。曾有媒体报道，某博物馆招聘了几名大学毕业生，在激情与冷清、寂寞碰撞之后，有几人选择了离开，只有一名大学毕业生选择留下来。这名留下来的大学毕业生发现馆藏的很多珍贵古籍在不断变黄、变脆。为了保管好文物，他刻苦钻研出了一种古籍保护剂，有效地保护了这些古籍，延长了它们的生命。这一成果使他在行业内声名鹊起。由此可见，理想愿望与客观环境的距离是可以弥合的，关键在于能否结合岗位实际情况，发挥自己的主观能动性，而不是盲目地去做"追梦人"。当然，大学毕业生已经是成人，有能力为自己的未来做出选择，但在选择之前，要理性分析，找准实现人生价值的途径；经过慎重思考和分析，最终不论做出何种选择，都需要将个人理想与客观环境结合起来，只有这样才能最大限度地实现人生价值。

（二）正视现实，调整心态，理性定位，接受新角色

1. 正视社会现实

改革开放以来，我国经济高速发展，国家、集体、个人都面临难得的发展机遇，但社会竞争也日趋激烈。从经济发展的区域差别来看，南北差距、东西差距、城乡差距等存在，必然影响社会各个层面的择业观念。尤其是城乡差别，对大学生，特别对来自经济欠发达或边远农村地区的学生，会产生强烈的冲击，这是一个不容回避的现实问题。不少大学毕业生希望留在就读的城市。客观而言，一方面，越是经济发达的地区，对人才的要求越高，而这些区域的工作单位给予毕业生的待遇却未必与该区域的经济水平一致；另一方面，经济发达地区的国家机关、科研院所、事业单位等基本上处于用人饱和状态，而经济欠发达的地区对人才的需求旺盛。因此，经济欠发达地区更需要大学毕业生去建功立业，改变落后的面貌，这些地区更能为大学毕业生提供施展才华的天地。因此，大学毕业生要正确认识社会现实，调整就业思路，敢于接受新挑战，到最需要人才的地方去发挥自己的聪明才智。

2. 调整心态

从学校到社会，大学毕业生往往因为环境变化产生陌生感、失落感，也可能因为工作、生活条件艰苦变得灰心丧气，也可能因为用人单位人才济济而觉得压力增大，这些心理波动的出现都是人之常情。

一个人的社会角色往往不是完全由本人决定的。初入职场，大学毕业生一定要对自己的社会责任、岗位职责有清晰的认识。拥有坚实的专业基础、独立工作的能力、强烈的事业心、高度的责任感、勇往直前的进取精神、与企业同甘共苦的思想准备、不计较个人私利、不患得患失的品格，是大学毕业生要努力实现的目标和努力践行的准则。作为职场新人，大学毕业生要特别注意调整好自己的心态，恪尽职守、勤于实践和总结，不患得患失。大学毕业生要清楚地认识到自己新角色的含义，保持良好的心态，做好本职工作。

3. 改变不良习惯

多年校园生活的熏陶使大学毕业生的身上充满"书卷气"或者"学生味"。大学生在校园内形成了特有的学习习惯、生活习惯，走出校门之后，往往发现一些习惯给自己带来了很多麻烦。因此，在无法很快消除"学生味"的情况下，不少大学毕业生会莫名地感到自己与工作单位甚至社会格格不入。

校园环境优美，让人感觉轻松、愉悦。这样的环境往往也会产生"温室效应"，不少大学生崇尚不受约束的自由生活，也养成了懒散、以自我为中心、我行我素的不良习惯。大学毕业生初涉职场，工作完全不同于校园生活，要求高，生活节奏快。工作岗位要求大学毕业生要有与之相匹配的工作习惯，在学生时期形成的习惯要根据社会需求加以调整，否则会给大学毕业生本人和用人单位带来损失。

总之，正视现实、调整心态、理性定位、完成角色变换、敢于接受新角色，是每个大学毕业生顺利完成角色转换必须做的。

案例链接

他被辞退后又被录用

艺术设计专业听障大学生小林，毕业后被一家设计公司聘用，试用期为 6 个月。小林缺乏实践经验，经常真心诚意地向同事请教，但得到的总是嘲讽。

4 个月后，公司改革，小林所在的印刷车间要精简一人。公司采取领导评议与员工评议相结合的方式，进行综合打分，以决定取舍。结果不出所料，小林的分数最低。裁员通知提前三天下达，小林本来可以要求公司把工资结清，提前走人，但他在最后的三天里，继续坚持把手头的工作做好。最后那天下午，他的工作做得一丝不苟，跟第一天上岗一样。

下班的路上，一位同事告诉他，经理一直在窗外看他干活，而他一点都没有察觉。第二天，人事部门通知他过去，递给他一张调令，说："你今天到质量技术部报到。"

敬业精神是成功者的共有品质。求职者是不是具有爱岗敬业精神，是用人单位挑选人才的一项重要标准。小林被辞退后，又被留了下来，是因为他在工作中的认真态度打动了领导。正是这种"在其位，谋其政，成其事"的敬业精神，让他获得了原本会失去的工作。

四、成功实现角色转换

（一）安心本职工作，培养吃苦耐劳精神

安心本职工作是角色转换的基础，大学毕业生应尽快全身心地投入工作。有些大学毕业生工作很长一段时间还静不下心来，"这山望着那山高"，经常与不同工作单位的同学比工资、待遇、级别、住房等，心理失去平衡。三心二意，这对于自身及事业的发展是非常不利的。大学毕业生要顺利实现角色转换，在心理上先要平静下来，学会自我调适，把该做的工作做好，有充沛的精力可以做其他有益的事情；不要挑肥拣瘦，要善于啃硬骨头，发扬吃苦耐劳的精神，克服在角色转换过程中遇到的种种困难。

（二）虚心学习知识，提高工作能力

虚心学习知识，提高工作能力，是角色转换的重要手段。由于专业课程设置相对较窄和大学生活短暂，一个人在校期间学习到的东西毕竟是有限的，尤其随着科学的发展和技术的进步，新的知识和技能不断出现，很多知识和技能需要在工作实践中去学习、锻炼、更新和提高。大学生在校期间确实学到了不少知识和技能，但面对全新的职业，还需要像小学生那样从头学起，虚心向有经验的技术人员、领导和同事学习，学习他们观察问题、分析问题和解决问题的方法，不断丰富自己的专业知识，提高自己的专业技能，最终使自己不断进步和完善。

（三）勤于观察思考，善于发现问题

勤于观察思考，善于发现问题，是角色转换的有力保障。大学毕业生进入职业角色，只有善于观察问题，才能发现问题；只有运用自身掌握的知识去努力解决问题，才能掌握大量的第一手资料；也只有分析研究职业对象的内部规律，才能培养自己的独立见解，逐步具备独立开展工作的能力，更好地承担角色责任。

（四）勇挑工作重担，乐于无私奉献

勇挑工作重担，乐于无私奉献，是完成角色转换的重要标志。大学毕业生走上工作岗位以后，应当从一开始就严格要求自己，树立主人翁意识，增强社会责任感，培养无私奉献的精神，任劳任怨，不计较个人得失，努力承担岗位责任。一个人因多大的事情发怒，他的心胸就有多大。历史上，有人不小心把一个玻璃杯里的水溅到别人头上，就导致了一场国家之间的大战。所以，大学生要学会容忍和承担责任，主动适应工作环境，促使自己更好、更快地完成角色转换。

五、建立良好的第一印象

心理学研究表明，第一印象在人与人相互认识和交往过程中的作用是十分重要的。因此，职场新人需要从步入职场开始就努力建立良好的第一印象。

刚刚踏上工作岗位的大学毕业生，要想建立良好的第一印象，自身良好的道德品质和文化素养是前提和基础。除此之外，还要注意运用一些实用性技巧。这些技巧有的看似属于细节性问题，但必不可少。

（一）服饰整洁，注重仪表

人们都会比较关注新来的同事，有些人还喜欢评头论足。所以，大学毕业生一定要注意衣着整洁、大方，与自己的身份相符，与工作单位的一贯风格协调。服装不一定要高档，但一定要整洁，而且不能过于怪异。一般来说，着装应考虑工作性质和环境，女性衣着不要过于华丽，不要浓妆艳抹，以干练、庄重为好；男性应定期理发剃须，着装一般应以整洁、朴实为好。

（二）举止得体，言谈亲切

初到工作单位，一个人的言谈举止极为重要。对于大学生来说，"骄傲""自卑""拘束""较真"都是刚上班时容易犯的错误，所以一定要注意文明举止。到了工作单位后，要礼貌地向大家简要地自我介绍，态度真诚地请教有关工作方面的问题；注意细心观察，不要冒失地大发议论。

（三）虚心好学，不耻下问

新到一个工作单位，能不能给周围的同事留下良好的第一印象，还要看是否虚心好学。大学毕业生掌握不少基础理论和专业知识，往往比工作单位里的一些同事学历高。但是，文凭和知识不等于技能，在学校学到的知识在现实工作中能用到的可能只是很小的一部分；如果你在学校里学到的只是书本知识，那么适应工作可能就需要比较长的时间。走上工作岗位，必须树立"从零开始"的思想，从小事干起，不能眼高手低、好高骛远。如果在办公室工作，那么对于接电话、打开水之类的小事要认真对待；如果在车间工作，那么不能轻视擦机器、拖地之类的体力活。要放下架子，不耻下问，虚心向同事学习，因为他们在实践中积累了许多经验，这些经验都是在课本上学不到的。

（四）遵章守纪，诚实守信

遵守单位的规章制度、诚实守信，这是工作的要求，也是每一个职场人必须具备的基本条件。初到工作单位，要严格遵守单位的规章制度，积极主动地做好自己力所能及的工作，切忌在工作时间懒散、闲谈、长时间电话聊天、上网玩游戏、干私活。在与人交往中，一定要诚实守信，不失约、不失信。一个人如果没有时间观念，不遵守纪律，懒散消极对待工作，便不可能赢得别人的信赖和尊敬。

第一印象虽然具有暂时性、表面性等特征，但有助于大学毕业生与同事融为一体，有助于职业生涯的起步与发展。建立良好的第一印象不是最终目的，这只是第一步，还需要坚持不懈地努力，以良好的品质、正直的为人、出色的工作去建立更深层次的长期印象。

课后作业

1. 扫描二维码 8-3，学习"职场人际沟通"的内容。
2. 你认为自己毕业后应该怎样去适应职场？

职场人际沟通

第四节 职场人际关系

一、人际关系的类型

由工作引起的人际关系其实是比较简单的，不外乎与上级、前辈和同事三种人的关系。

（一）上级——服从的关系

"服从"是在上下级关系中尤为突出的特点。一个人不管从事何种职业，都要学会服从。大学生要从服从这一最基本的要素开始自己的新职业，战胜自己不习惯服从的心理，明确自己的下属地位。服从并不只是听话。作为下级，除了要领会上级的意图，还要具备完成工作任务的能力，在工作中要主动接受领导。上级交代工作，一般只有几句话，并不会手把手地教给你应该怎样做。因此，作为下级，在服从的基础上，要充分发挥自己的主观能动性。

（二）前辈——学习的关系

刚到工作单位，新员工往往会被分配给一个老员工，即所谓的"师傅"。师傅在一个人的职业生活中具有很重要的作用。跟师傅学习，要安下心来，踏踏实实地从点滴小事学起，不懂就问，不会就学。师傅的作用至关重要，但又不能过分依赖师傅，要有上进心、爱学习、肯努力，这样才能进步。

（三）同事——合作的关系

同事关系不仅影响一个部门的工作效率，还影响个人的工作情绪和工作业绩。一般来说，同事关系就是一种相互合作、相互配合的关系，而合作的基础是相互了解、相互信任。合作技巧是可以学习的。有些技巧，我们通过细心观察单位里那些人际关系好的同事，就可以学到很多。例如，对方与性格急躁的同事是如何合作的，与年长的同事是如何合作的。

二、残疾人在人际交往中的不足

部分残疾人相对自卑、自闭，与他人交往少，不懂人情世故。由于不懂人际交往，残疾人往往面临脱离群体、脱离社会的问题，主要表现有以下五点。

（1）不懂礼尚往来，害怕自己吃亏，过于自尊。

（2）不积极主动，不会或者不愿意主动交流，怕被歧视，过于自卑。

（3）不懂礼节，不愿招呼他人，过于自闭。

（4）不知道感恩，认为残疾人应该得到帮助，只会索取，不会回馈。

（5）不会与健全人交往，只与同类残疾人交往，认为同类残疾人性格相近，有共同语言，没有距离感。这也是过于自我的一种表现。

有些残疾人只求回报，不求付出，常常表现在一些小的细节上。例如，一个肢残者，同事经常为他推轮椅，但他不顾同事是否繁忙，经常求助，也没有表示特别的感谢。有的听障者在单位不主动搞卫生，不主动为长者、上级端茶倒水，别人干活也不去帮助，只顾自己。这样只能将自己置于无法获得发展的境界之中。

一个人不懂人际交往，与社会、组织、家庭、他人的关系都会受到影响，将对其未来发展产生极为不利的影响。大学毕业生要高度重视人际交往，克服自我、自卑、自闭、自尊心理，学会与社会、组织、家庭、他人相处，避免陷入困境。

和谐、融洽的人际关系，可以让大学毕业生尽快消除陌生感，适应全新的工作环境，使工作顺心、生活愉快。人际交往是职业生涯发展的前提条件，人际交往是残疾大学生不可忽视的必修课。

大学毕业生过惯了相对单纯、清静、被动的校园生活，投身社会走上工作岗位后，常会感觉到自身与社会之间存在一些矛盾，工作当中有许多困难。这些矛盾和困难导致大学毕业生对社会、对工作的不适应。在矛盾和困难面前，如何面对现实、主动适应，这是大学毕业生踏上工作岗位后首先应该思考的一个问题。

大学毕业生应该客观地审时度势，尽快完成从大学生到职场工作人员的角色转换，顺利度过转换的适应期，得心应手地展开工作。大学毕业生应该拥有宽广的胸怀、容人的雅量，只要不是原则问题，不必为一些小事与同事产生矛盾。大学毕业生应该把自己的主要精力用在工作上，使自己的工作更加出色。开朗的性格、坦诚的为人、广泛的兴趣爱好，有助于大学毕业生在新的工作环境中进行广泛的交流，建立起融洽的同事关系。

知识拓展

职场新人刷微信朋友圈应该慎重

现在要说什么社交平台最火，微博、QQ 都已经落伍了，朋友圈才是王者。如果你还不知道微信，不知道朋友圈，不知道点赞，那毫无疑问，肯定已经与飞速前进的世界脱轨了。

在这里，需要提醒职场新人，在这个信息畅通、人际关系盘根错节的年代，一定要慎重对待你的社交账号，在朋友圈里一定要谨慎发言，因为你的朋友圈里往往不仅有亲密的朋友，还会有同事和上司。

现在已经是一个没有秘密的年代了，职场新人有的时候不得不哀叹，想上班用微信发个牢骚都怕被领导看到，所有能够吐露心情的社交平台都不"安全"，或许只有日记本可以真的保守秘密了。

当然，这些哀叹是来自一些比较谨慎的职场新人，需要提醒的是那些不分时间、不分场合刷朋友圈，不分内容、不讲分寸刷朋友圈的职场新人。假如你请了病假，不管真病还是假病，都不要在朋友圈里发什么"睡了一觉真舒服"和"与朋友看电影真开心"之类的留言，那等于在告诉领导"我没病"。

职场新人平时在微信朋友圈里看到的除了朋友们发的各种心灵鸡汤，比较常见的还有各种广告。假如你的同学、朋友也找到了微信营销的路子，邀请你加入，为了赚点外快，你就在朋友圈里大发广告，这样引来的不仅是对广告感兴趣的人，还有你的领导。做兼职工作，那绝对是职场大忌，领导都希望职工有忠诚度。

总之，不要以为在朋友圈里发言可以随心所欲。殊不知，有些话，我们可以对家人说，可以对朋友说，但不适合对同事、领导说。所以，为了自己的职场生活，刷朋友圈一定要慎重。

三、建立良好人际关系的技巧

人际交往技能包括双向反应的基本技能、与人相处的技能、结交朋友的技能，以及处事的技能。双向反应的基本技能包括学会用适宜的目光与人接触、用适度的嗓音说话和依次讲话。与人相处的技能包括使用礼貌的言辞。结交朋友的技能包括服饰整洁、微笑和夸奖对方。处事的技能则指对于有可能失去自制的情况，如遭人嘲笑、事情办糟了等如何妥善处理。进入职场的新人特别要注意以下建立良好人际关系的技巧。

（一）尊重领导，尊敬他人

要想建立良好的人际关系，首先要服从领导的命令，支持领导的工作，努力完成领导交给的任务，维护单位的利益；其次要尊重他人，包括他人的人格、劳动、感情和志趣等；最后要学会取长补短、虚心求教、戒骄戒躁，不可自以为是，不可损伤他人的自尊心。

（二）平等待人，一视同仁

对待同事不要厚此薄彼，即不要按同事的工资多少、职务高低区别对待，而应一视同仁。对于领导的意见要听从，对于同事的建议要接受，要一切从实际出发、从工作出发、从标准出发，切不可拉帮结派、搞小团体，应该与所有同事搞好关系。

（三）互相帮助，公平竞争

同事之间应该互相帮助，互相学习，共同进步。当然，同事间也有竞争，也许还十分激烈，但竞争应该建立在公平、公正、公开的基础上，以工作为尺度，绝不可搞歪门邪道，故意压制排挤他人。只有公平竞争，才会使同事之间和睦相处，才尽其用，达到共同发展的目的。

（四）以诚待人，严于律己

诚实守信是中华民族的传统美德，与同事相处更应该发扬这一美德。从日常小事做起，从自我做起，同事之间形成相互信任、真诚友善的交往氛围，即使有时产生矛盾，也容易相互谅解。对待他人，要有容人之量和豁达的心胸，不可心胸狭窄、斤斤计较。要严格要求自己，不利于团结的话不说，不利于团结的事不做。不挑拨是非，不猜疑嫉妒，堂堂正正地做人，踏踏实实地做事。当自己受到委屈和误解时，要胸怀大度，克制自己的情绪，冷静处理，敢于剖析自己，主动承担责任。

（五）主动随和，不孤陋寡闻

谦虚随和、平易近人的人给人容易亲近的感觉，大家乐意与其交往，觉得彼此之间交流愉快、舒畅；对于孤陋寡闻而又自命不凡的人，大家往往避之唯恐不及。古人云："独学而无友，则孤陋而寡闻。"这说明交往少就会见闻少、学识浅。职场新人到工作岗位后，应该主动与同事沟通，乐于和大家交流，不要自我封闭。职场新人只有在主动交往中，才能获得各种知识，弥补自己的不足，扩大自己的视野，增长知识，不断提高自身的素质。

四、提高人际交往能力的心理要求

人际交往是残疾人的弱项，要建立良好的人际关系，残疾大学生应该注意以下三个方面。

（一）克服不良心理

1. 沉默寡言，性格内向

具有这种性格的人，不大愿意主动与人交往，很容易给别人一种高傲、冷漠、难以接近的感觉，很难引起别人与之交往的兴趣。长此以往，他们与同事之间的关系必然会冷淡、疏远。

2. 多疑

多疑的人自我保护意识过强，缺乏安全感，常常觉得自己容易受到别人的伤害，把注意力集中在对外界的防卫上。这是心理不成熟的表现。一个不信任别人的人，别人同样也难以信任他。没有信任就没有沟通，没有沟通就自然难以建立良好的人际关系。

3. 心胸狭隘，嫉妒心重

具有这种品质的人，缺乏自知之明，又容不得别人超越自己，在心理上很难平衡。而这种不平衡往往反映在言谈举止中，从而影响其人际关系的正常发展。

4. 狂妄自大，瞧不起别人

这种人非常容易引起别人的反感。对他人尊重、友好，可引起他人积极的情绪，并回以同样的态度；反之则引起消极的情绪，与同事、朋友间的心理距离就会拉大。

（二）主动并努力消除隔阂

要建立良好的人际关系，还应该注意消除隔阂。如果出现隔阂，我们就应该做到以下四个方面。

（1）当与他人有隔阂的时候，应该冷静分析，找出原因，然后对症下药。

（2）如果是因为双方缺乏了解而产生的隔阂，就应该坦诚相处，以心换心。在人际交往过程中，应该相信好人占大多数，向对方展示自己的内心世界和真实的自我，不会造成任何损害。只要抛弃"遇人只说三分话，未可全抛一片心"的陈旧观念，与人真诚相待，经常交流思想感情，就一定能消除隔阂。

（3）如果是由于双方误会造成的隔阂，就应该以宽容大度的心态进行处理，消除误会。每个人的性格脾气、文化修养和价值观等存在一定的差异，观察问题、认识问题和处理问题的方法也各不相同。因此，在交往过程中出现一些误会是难免的，我们应该给予对方充分的理解，以消除误会。当真相大白时，双方的误会与隔阂自会云消雾散。

（4）如果是由于自己的不慎伤害了对方，要向对方诚恳地道歉，请求对方原谅。每个人都有自己的尊严和切身利益，不容他人损害。在与人交往的过程中，如果伤害了对方的尊严或损害了对方的利益，就会引起对方的不满，甚至出现矛盾冲突。在这种情况下，如果不及时进行正确的处理，双方之间极易产生隔阂。出现这种情况，无论是有意还是无意，都应该诚恳地向对方道歉，以求得到对方谅解。

（三）正确面对批评

怎样面对批评，不同的人有着截然不同的态度。有的人勇于承认自己的错误，并诚恳地接受批评，总结教训并及时改正；有的人受到批评就会丧失信心，精神不振，甚至自暴自弃；有的人一遇到批评就会火冒三丈，使同事和领导敬而远之。后两种人的态度无疑是不可取的。有正确的态度，没有正确的方法，也不一定能收到好的效果。因此，在面对批评时，要注意以下几点。

1. 静静聆听

静静聆听，尽可能让批评者把意见表达清楚。如果还未听清楚自己的错误所在，就最好问一句"你能说得更具体点吗？"，以求找到受批评的原因，分析对方的批评是否合理。

2. 坦然接受

如果知道自己错了，就要勇敢地说："我错了，你批评得很及时，以后我一定改正。"

3. 推迟作答

如果批评者自恃有理，态度蛮横，不妨说："我好好想一想，我们明天再谈好吗？"这样可以控制自己的情绪，以免发生冲突。

4. 婉言拒绝

如果批评者对事实原委不甚了解，批评没有道理或纯属误会，你可以做些解释，以便让对方了解事实真相。例如，你可以说："你误会了，事情是这样……"语气应该委婉一些。

总之，面对善意的批评，不能反击，一旦反击就会造成尴尬的局面，伤害彼此的感情。不要找借口推脱自己的责任，也不要默不作声，这些都无异于消极抵抗，而且不利于批评者指出自己的错误所在，以便改正。无论采取什么方法，都要诚恳，心平气和地与对方沟通。即使接受了批评，批评者还需要看你的实际行动，态度再好，没有改进，就只能落个言行不一的坏名声。如果批评者没有道理，也不应该耿耿于怀，更不可借机报复。当面提出批评意见的人多半是出于好心，如果是误会，谈开也就没事了，打击报复只会损害自己的人格。

知识拓展

职场人际关系的七大利器

如果你是真正准备投入职场的大学生，对搞好同事关系的"游戏规则"就要有更多的了解，这样才能与同事和谐相处，并从中享受到融入集体的乐趣。

1. 调整心态，不把同事当"冤家"

同事之间应该是相互合作的关系，而不是相互竞争的"敌人"。很多人会抱有成见，把同事当作阻挡自己前途的人。这样的话，你一定难以在工作单位里立足，更难以发展。只有互惠互利的关系才可能长久，这是你融入集体而集体也接纳你的一个基本前提。

2. 不过问他人隐私

社会非常复杂，每个人为了保护自己的安全，有许多事情是不希望别人知道的。每个同事都有自己不希望别人知道的隐私，即使是最要好的朋友，也有不该让对方知道的私事，何况是同事之间呢？所以，不要轻易打听别人的生活状况，除非对方主动向你说起。过分关心别人的隐私是无聊的、没有修养的低素质行为。

3. 不要把个人感情带入工作单位中

你有自己的喜恶，对很多事物的看法和观念有自己强烈的感情色彩，但切勿将其带入工作单位的同事之中。面对和你看法不一致的人，你可以保持沉默，不要妄加评论，更不能以此为界，划分同类和异己。为了工作，最好能够"兼容"。这种"兼容"会赢得同事对你的尊重与支持。

4. 拓展兴趣，积极参加集体娱乐活动

闲暇之时，可以与同事一起出去参加娱乐活动，如唱歌、郊游、登山等，借此增加彼此间的联系和感情。这不仅能够让你获得更多的快乐和放松，释放内心的压力，还有助于培养和谐的人际关系。

5. 说话要有分寸，不能口无遮拦

说话的时候必须注意分寸，不能想说什么就说什么，在说一句话之前，要先考虑一下是否合适。在不同的场合，对不同的人，有很多话是不能随意说的，否则会给人留下轻浮的印象。

6. 在经济上分清楚，AA制是最佳选择

与同事外出就餐、聚会，最好的处理方法就是采用AA制。这样大家心里没有负担，在经济上也承受得起，千万不可把自己的钱包捂得紧紧的。

7. 团结协作，彼此尊重

与新同事共处时应该注意彼此尊重、相互配合，只有做到这一点，你才能得到更好地施展才华的机会，在竞争中求得发展。对于上级来说，他看中的是你的才能与创意能否在集体中发挥出活力，你能否和同事融为整体，而不希望因为你使团队不团结。对于周围的同事来说，他们更愿意与工作能力强、具有团队精神且志趣相近的同事相处。

五、努力钻研业务

对于涉世不深、经验不足的大学毕业生来说，在工作中出现一些差错和失误是难免的，但这并不意味着就可以理所当然地出现差错或失误。在实际工作中，应该尽可能地避免出差错，或将其减少到最低限度。要想避免在工作中出现差错和失误，要注意以下三个方面。

（1）应该在工作岗位上钻研业务，履行职责，很好地完成任务。学历和掌握的知识不等于能力，只有把知识应用于实践，才可能转化为能力，理论知识和业务实践不断结合才会尽快地提高你的业务能力。

（2）要加强薄弱环节。正如每个人都有自己的优点和长处一样，每个人也都有自己的缺点和不足，而缺点和不足往往是造成工作失误的主要根源。因此，在具体的工作中，要注意弥补自己的缺点和不足。

（3）要注意培养良好的职业品德，树立正确的职业理想和职业价值观，培养忠于职守、敬业乐业、献身事业的精神，坚持严肃认真、实事求是的劳动态度，保持一丝不苟、精益求

精的工作作风，尊重他人，团结协作。这些品德是做好工作、为自己开拓未来道路的需要，而且是处理好各种人际关系的必要条件。

课后作业

1. 扫描 8-4 二维码，学习相关的内容
2. 设想自己在职场人际关系方面会碰到哪些问题，以及自己应该怎样去适应。

优势赋能扬长避短

第九章 就业材料准备——未雨绸缪，百战不殆

案例导入

小宁，大专三年级听障学生，中西面点专业，为了求职连夜做了一份简历，如图 9-1 所示。你感觉她的简历做得怎么样？

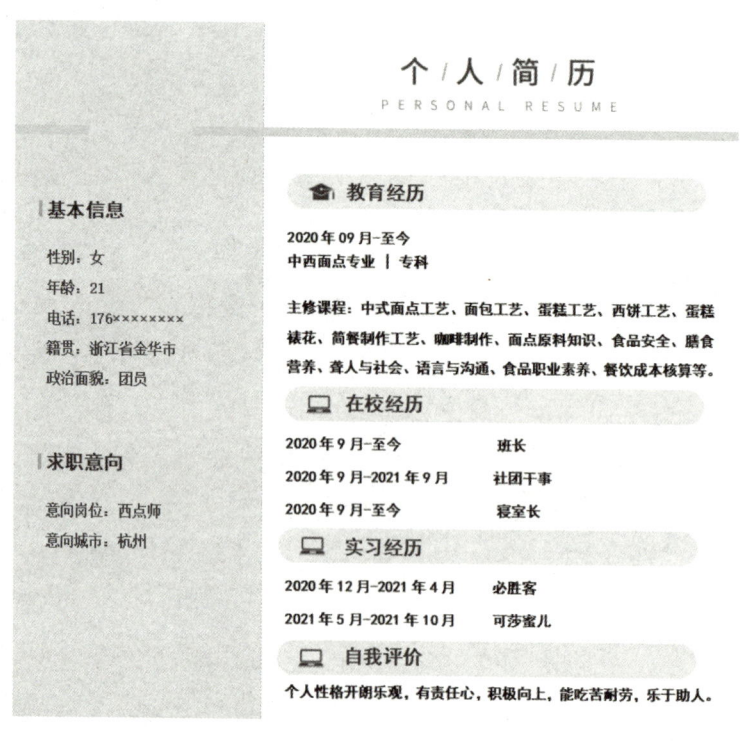

图 9-1　小宁的简历

第一节　量身定做，打造职业化简历

一、简历的定义

简历是概括介绍个人基本情况、受教育情况、工作经历、个人成绩等与求职岗位相关的

书面材料，它向未来的雇主表明你拥有能够满足特定工作要求的资质和能力。简历对求职者来说，是最重要的求职材料，是求职者为自己撰写的"产品说明书"，是求职者给招聘单位的一张"名片"，是让招聘单位对求职者产生第一印象的重要媒介。如何让素未谋面的招聘人员了解求职者的个性特征、能力等是否符合招聘要求，制作一份让招聘者一眼看中的简历就显得尤为重要。

二、简历的撰写原则

（一）十秒钟原则

所谓十秒钟原则，即一份简历通读下来要在十秒钟之内。在一般情况下，毕业生求职简历的长度以一张 A4 纸为限。简历越长，被用人单位认真阅读的可能性越小。因此，你的简历写完以后，要权衡一下，是不是能够在十秒钟内看完所有你认为重要的内容。

（二）重点性原则

招聘者希望看到求职者对自己的事业采取的是认真负责的态度。求职者不要忘记，招聘者寻找的是适合某一特定职位的人，这个人将是众多求职者中最合适的。

（三）广告性原则

成功的广告要简短而富有感召力，并且能够多次重复重要的信息。简历应该限制在一页纸以内，个人情况介绍不要以段落的形式出现，尽量运用动作性短语使语言更加鲜活有力。在简历页面上写一段总结性的语言，陈述你的最大优势，然后在个人介绍中将这些优势以经历和成绩的形式加以叙述。

（四）推销性原则

这一原则就是说尽量避免在简历阶段就遭到拒绝。把最有价值的内容放在简历中，不要浪费篇幅。在编写简历时，要强调工作目标和重点，语言要简短，多用动词，并且要避免可能使你被淘汰的不相关信息。要知道，当你获准参加面试时，简历就完成了它的使命。

三、简历的基本内容

简历要包含个人的基本概况，对受教育程度、相关经验、成绩、能力、性格等进行总结，具体内容有以下八个方面。

（一）个人基本信息

简历的个人基本信息包括很多内容，如姓名、性别、年龄、出生年月、身高、体重、血型、民族、政治面貌、婚姻状况、健康状况、籍贯、户口所在地、身份证号、现居住地、通信地址及邮编、联系电话、电子邮箱等。

（二）个人照片

简历中要放置个人照片，以彩色证件照为宜，建议找专业人士拍摄。照片需粘贴在简历上，不要和简历一起打印（整份简历进行过彩色版面设计，全部彩印者除外）。简历照片如图9-2所示。

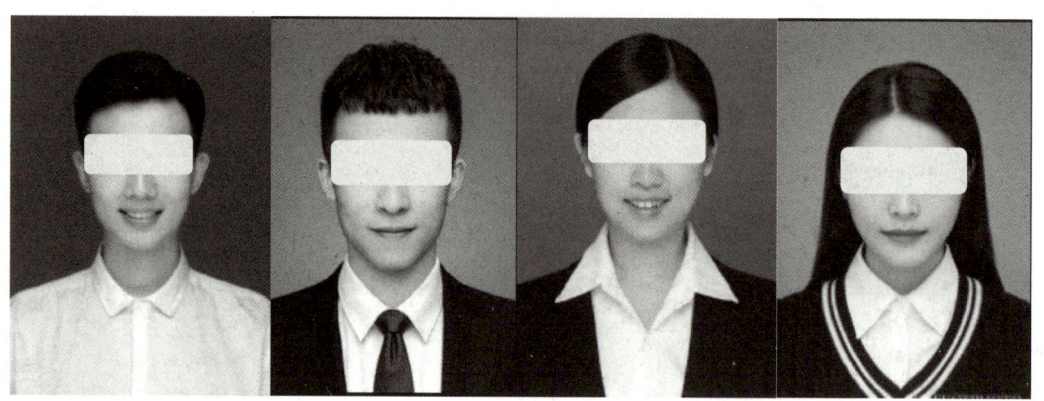

图9-2　简历照片示例

（三）求职意向

求职意向主要表明求职者希望从事的工作，表明本人对哪些岗位、行业感兴趣及相关要求，不能仅从自己的个人意愿和理想出发。此项可放置在第一项，也可放置在第二项。对于残疾大学生来说，求职意向需要结合自己的残疾特点进行表述，这样才能让用人单位更好地提供信息，做到真正的人职匹配。

（四）教育背景

教育背景一般只列出自己曾接受的最高教育，包括毕业的院校和专业等，也可写出在校期间学习的主要课程。课程要针对应聘岗位的要求，分门别类进行归纳和罗列。教育背景也包括自己参加的校内外所有相关的专业技能培训。

（五）个人经历

在校的残疾大学生一般没有正式的工作经验，但大多数同学都有社团经历或实习经历。无论是作为社团的参与者或组织者，每个人都可以总结出一两项社团经历，要通过这些经历突出一些自身的优秀品质，否则没有什么用处。讲述实习经历也是为了展现个人应聘相关职位的优势。

（六）所获奖项

所获奖项应列出自己在大学期间获得的各种奖励。不要将所有奖项和证书全部罗列出来，建议根据所聘岗位要求，有选择性地分类筛选，要记得按照倒序来写，全文保持一致。

（七）专长

对专长的介绍要恰如其分，专长包括与所学专业有关或单纯从个人兴趣中发展出来的专长。但是，只有与工作性质相关的专长，才可以在简历中列出。这一部分将有助于用人单位评估求职者专长与应聘工作的要求是否相符，个人专长是否能够给工作顺利开展带来推动作用。对于个人专长，求职者应该清楚列出，实事求是，不夸大其词，但也不要掩饰自己的长处。

（八）自我评价

自我评价部分总结自己良好的个性特点和品质，但不要全面罗列，以 3～6 条为宜。过于冗长、格式化、无个性的自我评价，如活泼开朗、外向大方、勤奋努力等，很难打动用人单位，也容易让自己进入"不通知面试"的行列。根据用人单位招聘岗位的性质和岗位对求职者的具体要求有侧重地列出几条即可。

四、撰写简历的注意事项

（1）仔细检查已成文的简历，绝对不能出现错别字、语法和标点符号方面的低级错误。最好让文笔好的朋友帮你审查一遍，因为别人比你自己更容易发现错误。

（2）简历最好用 A4 标准复印纸打印，字体最好采用常用的宋体或楷体，尽量不要用艺术字体和彩色字体，排版要简洁明快，切忌标新立异，排得像广告一样。当然，应聘的是排版工作例外。

（3）简历必须突出重点，不是个人自传，与申请的工作无关的事情尽量不写，与申请的工作有关的经历和经验绝不能漏掉。

（4）要保证招聘者在 30 秒之内通过简历可以判断出你的价值，并且决定是否给予面视机会。

（5）不要仅寄简历给应聘的用人单位，附上一封简短的求职信，会使对方增加对你的好感。

（6）尽量提供个人简历中提到的业绩和能力的证明资料，将其作为附件附在简历的后面。证明材料必须是复印件，千万不要寄原件给招聘单位，以防丢失。

（7）一定要用积极的语言，切忌用缺乏自信和消极的语言写简历。最好的方法是在心情好的时候写简历。

（8）个人资料里的联系方式一定要齐全，包括手机号码、暂住地址或家庭地址、电子邮箱等，方便招聘单位第一时间通知你参加面试或发布面试结果。

（9）简历照片不宜五花八门，应以一至两寸的彩色证件照为宜，男生可穿白衬衫、配单色领带和黑色西装外套，女生可穿有衣领的白色或浅色衬衫加单色西装或者外套，以便给用人单位良好的第一印象。

（10）不要写上对工资待遇的要求。很多残疾大学生对简历中是否应该写对工资待遇的要求感到疑惑，人力资源经理一般认为简历中写对工资待遇的要求要冒很大的风险，最好不写。

五、简历的投递

（一）简历投递中的常见问题

1. 海投简历

残疾大学生在求职阶段，相比普通大学生来说，会面临更大的就业竞争压力。残疾大学生往往具有迅速找到就业机会的强烈期望，容易出现海投简历的现象。例如，在招聘会现场，只要看到符合自己要求或者自己符合招聘要求的单位就投递简历，而不仔细了解招聘单位的相关信息，进行筛选后再做出选择；通过招聘网站求职时，粗略浏览招聘信息，只要看到稍微相关的就业单位就立刻投递简历。海投简历的行为缺乏针对性，没有根据具体单位具体岗位的具体要求对简历做出修改，因此难以突出重点，这样投出的简历不一定符合招聘单位的要求。

2. 通过电子邮件发送简历的问题

大学生的简历往往通过电子邮件发送，在用电子邮件发送简历时容易出现以下一些问题。

（1）把简历内容粘贴在正文中，出现简历格式、内容混乱的问题，让招聘者难以了解简历内容。

（2）不注明邮件标题，招聘者不会将众多电子邮件一一打开，可能导致自己的电子邮件不会被打开。

（3）电子邮件正文缺乏逻辑性，不使用礼貌用语。

3. 邮寄纸质简历时缺乏证明资料

有些招聘单位除要求求职者发送电子简历外，还要求求职者邮寄纸质简历。求职者在邮寄纸质简历时往往忽略证明材料的重要性，只邮寄一份纸质简历，而缺乏简历中提到的学历和学位证书、获奖证书、荣誉证书等证明材料。实际上，有证明材料支撑的简历更能证明其真实性，成功的可能性往往更大。

（二）简历投递的技巧

求职者投递简历的方式一般包括招聘会现场投递、网上投递、邮寄投递、上门自荐四种形式，每种投递方式都有各自的优点和缺点。不同简历投递方式比较如表9-1所示。

表9-1 不同简历投递方式比较

投递方式	优点	缺点
招聘会现场投递	1. 能够和招聘者面对面交流 2. 可以制作有特色的个人简历	1. 成本高 2. 参会人员多，竞争激烈
网上投递	1. 节约应聘成本 2. 选择空间大	1. 成本低 2. 简历格式单一，缺少个性 3. 容易被某些公司特定的计算机筛选程序筛掉

续表

投递方式	优　　点	缺　　点
邮寄投递	1. 针对性强 2. 可以较为详细地介绍自己	1. 成本较低 2. 选择范围较小
上门自荐	1. 针对性强 2. 可与面试二合一，直接向负责人详细介绍自己，残疾大学生还可以准备自我介绍的短视频，成功率高	1. 成本高 2. 选择范围最小

1. 招聘会现场投递

招聘会现场投递简历的步骤如表 9-2 所示。

表 9-2　招聘会现场投递简历的步骤

投递方式	投递步骤	工作内容
招聘会现场投递	1. 熟悉招聘单位，准备求职信和简历	1. 了解参加残疾人招聘会的公司及提供的岗位有哪些 2. 准备数量充足、不同版本的求职信和简历
	2. 分析招聘岗位要求	1. 认真阅读招聘简章中的单位及岗位信息 2. 分析岗位任职资格及要求，锁定目标岗位
	3. 与现场招聘人员沟通	1. 获取关于招聘单位及目标岗位的更多信息 2. 推销自己，加深招聘人员对自己的印象，争取面试机会
	4. 投递简历	1. 选择合适的招聘单位及岗位 2. 挑选合适的求职信和简历进行投递

在招聘会上，求职者与用人单位的沟通交流比投递简历更为重要。求职者不仅要给招聘者呈上一份求职信和简历，还要将自己的良好素质表现出来，应该避免表 9-3 所示的不当言行。

表 9-3　现场投递不当言行

不当言行	内　　容
目中无人	目光越过招聘人员，眼睛紧盯展台上方悬挂的单位宣传横幅、单位简介和招聘简章，与招聘者无目光及语言交流
目中无物	不看职位公告，径直走到展台前大声询问招聘者："你们招××专业的吗？"
户口问题	在投递简历前先问："你们能解决户口吗？"
待遇问题	在投递简历前先问："××岗位的待遇是什么？"
自信心不足	看看招聘岗位注明的专业和能力要求，对比手中的简历，犹豫不决地上前小声问招聘者："您可不可以看一下我的简历？"
定位不明确	问招聘者："您觉得我应聘哪个职位比较好？"
不屑回答问题	对于招聘者的提问，回答："简历上都写了。"
恳求对方留下求职信和简历	对于招聘者的否定答复，继续死缠烂打："您再考虑考虑留下我的简历吧，请给我一个机会吧。"
留下求职信和简历后立马走人	靠近展台，在确定应聘职位后，递上求职信和简历，一言不发，扭头就走
索要求职信和简历	返回投递过求职信和简历的展台，问招聘者："对不起，您能将求职信和简历还给我吗？我带得不够用了……"

2. 网上投递

现在有越来越多的招聘单位在网上发布招聘信息，因此网上投递已经成为简历投递的重要方式。但是，在大学毕业生招聘过程中，越来越多的招聘者开始抱怨向应聘者发了面试通知，却有很多应聘者没有前来面试，反而增加了很多招聘成本。所以，很多企业不得不放弃了这种看似高效的招聘方式，改为通过招聘会招聘和学校老师推荐等方式。另外，网络招聘的应聘者人数众多，应聘者的竞争压力明显增加，应聘者被录用的概率很低，而且招聘单位会设置门槛，所以大学毕业生在投递简历时需要仔细核对自己的条件是否符合要求。

3. 上门自荐

这种求职方式主要是应聘者根据自己的特长和专业知识，主动设法拜会招聘单位的领导或人事部门负责人，向其投递求职信和简历。该方式的优点是可以将投递简历和面试合并进行，不少求职者通过这种方式快速获得复试资格，甚至被直接录用。

虽然上门自荐在实际招聘中成功率较高，但对求职者的要求更高。求职者在上门投递简历前必须做好面试准备，因为投递简历的同时面试往往已经开始。因此，求职者必须在面试准备充分后才能采用这种方式，否则容易被直接淘汰。

（三）简历投递的误区

在网上有很多投递简历的小技巧，其中有很多误导人的地方，请大家一定要注意。下面是两个常见的误区。

1. 简历最好放靓照

对于用人单位人事部门经理来说，每天可能需要浏览大量简历，在同等的条件下，一般会先通知有照片的求职者来面试，因为通过照片对求职者又多了几分了解。有人认为，如果是美女，被通知面试的可能性更大。对于一般职位来说，如文职人员，如果不漂亮，照一张艺术照，就增加了面试机会。

实际上，求职靠的是能力，而不是长相，以为漂亮能增加成功筹码是错误的观点。所谓靓照，特别是艺术照，一定不能放在简历中，因为照片上的你比本人更漂亮，纵使你得到面试机会，也会因为反差太大而丢分。

2. 只选择综合性招聘网站求职

大学毕业生在求职时往往只看重综合性招聘网站的职位信息，而忽视了应该先选择行业的重要性。作为大学毕业生，实践经历少，最好的敲门砖就是自己在大学里学的专业知识，如果求职时忽视了自己的专业优势，在激烈的竞争中就会被淘汰。综合性招聘网站在行业职位分类上不够细化、专业化，需要浪费大量的时间和精力去分析和搜索。

课后作业

结合自身的实际情况完成个人简历。

第二节　求职信的撰写

求职信主要表明自己的态度。一封好的求职信在求职者未到之前，就会给招聘者留下良好的第一印象。对于大学毕业生来说，求职信是就业的"敲门砖"，是"通行证"，好的求职信是求职成功的第一步。写求职信没有什么成规，也没有统一的格式，重在内容真实、简明扼要、措辞得当、工整清晰。求职信一般可针对写信人的自身情况和用人单位的具体要求来撰写。对于残疾大学生来说，求职信能让用人单位更详细地了解求职者的情况。

一、求职信的格式

大学毕业生要结合专业和特长通过求职信表达自己求职的愿望，说明自己想要获得职位的理由和今后的目标。其形式多种多样，内容主要包括以下方面。

（一）开头

求职信的开头要标明用人单位的全称，对于收信者，可用其职位直接称呼，搞不清楚的可以用"老师"或"领导"等称呼。

（二）问候

书信的格式通常是在称呼之后有一句问候语，求职信也不例外。问候语要简短，一般来说，只要"您好"两个字就够了，不要像平常给朋友写信一样，写上"最近好吗？""近来可好？"之类的问候语，这不是正规商业信函的写作手法。

（三）个人基本情况和求职信息来源

首先，简明扼要地介绍自己，对于应届毕业生而言，在信件开头说明自己所在的学校、学历、专业等基本信息即可。

其次，最好写出信息的来源渠道。如果你心目中的用人单位并没有公开招聘人才，你也可以写一封自荐信去"投石问路"。

（四）说明应聘的岗位和胜任该岗位工作的能力

这是求职信的核心部分，主要是向对方表明自己有相关的专业知识和工作经验，有专业技能，有与工作要求相符的兴趣、性格。总之，要让对方感到你能胜任这个工作。此外，在阐明要应聘的工作时，一定要写明具体职位，如"我希望应聘贵公司的工程监理员职位"，不要使用"一份有挑战性的工作"等含糊的字眼。切记，这部分内容一定要有针对性，一定要突出与所申请职位有联系的内容，其中陈列的每个方面的知识技能和实践经历都要能够表明你可以胜任该职位，从而让招聘人员觉得你是最好的人选，让你通过筛选进入面试程序。

（五）暗示自己的潜力

例如，向对方介绍自己曾经做过的各种社会工作，所取得的成绩，预示着你有潜在的管理和组织才能，有发展和培养前途。

（六）强调自己能为招聘单位做出什么贡献

前面描述的能力是从自身情况讲的，而招聘单位往往更看重求职者能为其做出什么样的贡献。这里有一个误区，很多求职者为了表示自己谦虚，在求职信中大写自己的不足，并表示希望在工作中得到学习和提高的机会。事实上，这种谦虚是没有必要的，每个用人单位都会对自己的员工进行培训，其看重的是求职者能做出的贡献。

（七）结尾

结尾可简要强调一下自己希望与用人单位主管人员见面的愿望，并道谢。如果求职信中附有个人简历，就应该提醒用人单位留意附带的个人简历。

最后，别忘了写清楚通信地址，可以写上电话号码。落款要用全称，不可简写。

二、写求职信的技巧

如何使求职信更具有针对性和吸引力呢？求职信必须最大限度地展现求职者的"卖点"，应该在这方面多下功夫，甚至有些创意。

（一）有的放矢

不要把求职信写得太普通，然后大量复制，到处投递。有效的求职信都具有很强的针对性。在求职信的右上角应该清楚写明求职单位和求职岗位，用这种形式来强化求职的针对性。

（二）设置几个兴趣点

写出求职者最关键的经历、最好的成绩、最重要的特长，以及求职的愿望、心情和信心等，表明自己特有的教育、技能和个性特征会为招聘单位做出特殊的贡献。

（三）关于特长的词句加黑加粗

对于需要特别强调的词句，换一种字体。例如，关于主要特长的词句用加黑、加粗的字体显示，便于浏览。对于特别的段落，采取两端各缩进两个字距的方法处理，这样更能吸引招聘者的目光。

（四）加上小故事或者事例

在每个人的成长过程中，总有一些特别的经历，会对自己的人生道路和对人生的看法产生重要的影响，甚至改变其对于人类和世界的看法。尤其是重大的挫折、人生转变等，这样的事例往往最能够打动招聘者。残疾大学生要通过这些小故事反映出自信自强、有责任感、不轻言放弃等优秀品质，而这些优秀品质正是招聘单位需要的。

（五）逆向思维，胜人一筹

求职者不附和他人，是有主见的表现。有一位同学这样写道："其实我并不觉得贵公司条件有多好，只是感觉比较适合我的专业。我觉得最后能不能入选，关键在于实力，而不在于运气。"这种写法往往能使招聘者眼前一亮，起到较好的作用。

（六）适当自负一些

求职者在求职信中可以表现得适当自负一些。例如："我虽然刚刚毕业，但年轻，有朝气，有能力完成任何工作。尽管我还缺乏一定的经验，但会用时间和汗水去弥补。请领导放心，我一定会保质保量地完成各项工作任务。"这样写，口气坚决，信心十足，给人以精力旺盛和"初生牛犊不怕虎"的感觉。但是，自负不可太过，否则就适得其反了。

三、准备求职信材料的注意事项

一封好的求职信，在求职者尚未到来时就会给招聘单位留下很好的第一印象，对求职者顺利入围面试十分重要。

求职信属于书信范畴，可以体现求职者的表达能力和交往能力，有几点建议可以做参考。

（一）注意称呼礼节

只要有可能，求职信就应该写给具体的负责人。使用一般的称呼会显得求职者不熟悉招聘单位，对方会觉得求职者缺乏诚意。所以，如果有必要，就通过电话询问或上网查询招聘负责人的名字和头衔，还要确定书写正确。在称呼时要有足够的礼貌，表示出你对对方的尊敬。

（二）内容客观、自然

为求职信设计一个好的开头，引起对方的兴趣。不要讲套话、空话，不要按网上或书上的范文照搬照抄，要结合自己的特点写，也不要写一些会产生歧义或令人费解的句子。语气要正式，但不能僵硬，语言要直截了当，词汇尽可能生动有力，能体现求职者的激情和信心。信的内容要实事求是，既不要过于夸大，也不要过于谦虚。谦虚是一种美德，但过分谦虚就会给人虚伪、做作的感觉。求职者应该把自己的长处和才能客观、公正、自然地向用人单位展现出来。

（三）紧扣求职主题

求职者要清楚自己的目标、写求职信的目的、期望获得的岗位；要有具体的职业目标，而不是泛泛而谈，或模棱两可；不要唠唠叨叨，写一大堆空话，尽量少使用陈词滥调。求职信必须吸引读信人有兴趣看下去。在可能的情况下，应聘不同的工作岗位，应该使用不同版本的求职信。

（四）语气积极、自信

求职者不要抱怨自己的现在和过去，不要埋怨生活，更不要诋毁他人，也不要让人觉得你在乞讨一份工作，要告诉对方你能胜任这份工作，但不要夸大其词，要解释你为何觉得这个单位和工作对自己有吸引力。

（五）注重字数

求职信的内容切忌太短或太长，一般以600字左右为宜。求职信过于简短，不能全面地把自己介绍给用人单位，用人单位也会认为求职者对此不够重视。求职信过于拖沓，用人单位主管人员一般很难仔细看下去，因为每天都会收到许多求职信，不能保证每封信都认真细看，过长的信有可能让对方反感。如果求职者认为需要把自己的成绩和经历表达清楚，也可以添加附件。

四、求职信范例

残疾大学毕业生求职信范例

尊敬的领导：

  您好！

  首先，衷心感谢您在百忙之中阅读我的自荐信，为一位充满生活热情的残疾人开启一扇希望之门。

  我叫×××，××人，今年×岁，毕业于××学校。我非常荣幸您能抽出时间查看我的简历。尽管我身有残疾，但我一直鼓励自己要努力、自立和自强。

  在校期间，我刻苦学习，认真务实，每个学期都以优异的成绩完成规定学科的学习。我不仅在专业课和技能课上表现出色，具备一定的专业特长，还在其他理论学科等方面拓展自己的知识面，不断完善自己。我在校期间获得了多项奖学金，得到了老师和同学们的肯定和赞赏。

  乐观和自信让我获得了许多珍贵的友谊，也让我学会了团结协作和真诚待人。此外，在课余时间，我喜欢阅读各类书籍，从中汲取养料来充实自己、更新观念和开阔胸怀。

  随着社会不断进步，我们获得的帮助越来越多。这种不受歧视、受人尊重的生活让我深深感恩。因此，能够找到一个立足之地，发挥自己的特长，我就感到非常满足。正如一句名言所说："上帝为你关上了一扇门，同时也会为你开启一扇窗。"我相信我能在工作岗位上发挥自己的优势和特长，积极工作，努力奉献，以回报社会和家人。

  希望贵单位能给予我这个机会。我承认自己并非最优秀的候选人，但我会尽力去做好每一份工作，努力适应新的环境。

  再次感谢您抽出宝贵的时间审阅我的求职信，期待您的回音！

  此致

敬礼！

求职者：×××
××××年×月×日

课后作业

结合自己的实际情况，写一封求职信。

第三节　网上求职准备

随着互联网的迅速发展，人们之间的距离缩短了，时间和速度的概念变化了。互联网具有超越地域疆界、兼容多种文字，以及快速、及时、信息量大等特点，所以自问世以来，其影响范围越来越广，已深入社会的每个角落。如今，越来越多的用人单位把人才招聘网站作为开展招聘工作的主要平台。同时，人才招聘网站也成为大学生获取就业信息和求职的重要途径。因此，大学生要重视利用网上的招聘信息，把自己的简历上传到相关网站的人才库，通过电子邮件将简历投递给感兴趣的用人单位，争取更多的就业机会。

一、网上求职的特点

网上求职是指求职者借助计算机网络进行求职的方法。网上求职需要求职者掌握一定的计算机操作知识。网络的便捷性和互动性为求职带来了便利。网上求职不同于在一般的人才市场求职，其独到之处主要表现在以下方面。

（一）打破时空限制

为了使广大大学生能够顺利毕业，各级政府和高校每年都要举办不同类型的招聘会，这些招聘会联系了众多的本地和外地用人单位，为大学毕业生提供了大量的职业需求信息。但是，这些招聘会举办的时间比较集中，基本是在每年的12月左右，而且次数比较有限。和招聘会相比，网上求职更灵活一些，只要手边有一台计算机，连上互联网，就可以随时进入全国各地的人才招聘网站，搜集各个城市、各种单位的人才需求信息，不受时间和空间的限制。

（二）信息发布准确、及时

现在许多用人单位都直接或委托有关人员，在网上详细注明对所需人才的要求，如专业技能、学历层次、年龄性别等，对联系地址（网址）、负责人也会做详细说明。因此，网上的职业信息比较准确。同时，各个网站都会定期在短时间内对网上的内容进行更新，以保证信息传递的准确、及时。

（三）信息量大

目前，我国已经有众多的人才招聘网站，一个网站一次就会公布数千个有效职位，用人单位达到数百家，更不要说全国几百个人才网站提供的人才信息。大学毕业生不仅可以在人才招聘网站搜集到大量具体的有效职位招聘信息，而且可以得到用人单位的业务介绍、经营情况、员工结构、教育培训等有价值的资料。

另外，大学毕业生还可以在网上看到同类求职者的材料，可以将其与自己进行比较，这也是其他人才市场无法比拟的。

（四）买卖双方的双重性

常规的人才交流市场由用人单位充当买方，大学毕业生递材料推荐自己，充当卖方。但是，网上的人才市场不太一样：一方面，用人单位公布需求信息，大学毕业生也在网上公布择业信息，二者都是买方；另一方面，用人单位在网上寻求合适的人才，大学毕业生在寻找理想的职业，二者又都是卖方。买卖双方的双重性，有利于信息的快速交换，使用人单位和大学毕业生有更多的相互选择的机会。

（五）所需费用低

我国的就业政策越来越有利于人才流动。例如，北京、上海、广东、江苏等地，为了招募优秀人才，近年来都先后制定了新的大学毕业生优惠政策，放宽了非本地生源留城的条件。许多大学毕业生为了多参加几次人才交流会，多一些选择的机会，往往要辗转于东南西北，这不仅要花费大量时间，交通、住宿等也花费不菲。现在的大学毕业生在求职时越来越注重包装，推荐材料也越发"经典化"，在这方面的投入也是很大的。网上求职就很简单了，只需花费一定的网费即可，既省钱，又省时、省力。

二、求职网站

大学毕业生通常用到的求职网站主要有招聘网站、企业网站和高校就业网站等。

（一）招聘网站

招聘网站有成千上万的招聘信息，大学生要充分利用网络优势，上网查询有关就业信息，投递简历（也可以在线填写简历），还可以订阅电子邮件，让招聘网站定期通知最新的职位信息。同时，大学毕业生还可以通过招聘网站了解更多的就业政策，以及获得有关的就业指导。

（1）综合性求职网站，如中华英才网、前程无忧网、智联招聘网等。其中，中华英才网在校园招聘方面很有特色。

（2）门户网站，如搜狐网的招聘专版。

（二）企业网站

企业网站是企业根据自身需要在互联网上建立的网站。现在许多企业越来越重视建设自己的网站，大多数企业的网站除介绍企业文化和产品外，还随时发布招聘信息。因此，如果你对某企业情有独钟，不妨定期到企业的主页浏览一下，一方面了解企业的发展动态，另一方面也许会有所发现。有的企业除在自己的网站上发布招聘信息外，还在网上接收简历和进行笔试。

（三）高校就业网站

现在各高校都建有自己的就业网站（校园网站），学校就业指导机构在上面发布大量的招聘信息，这些信息针对性强，实用、可靠。因此，大学生应经常浏览学校的就业网站，以便及时获得自己需要的就业信息。

（四）残疾人联合会网站

中国残疾人联合会及其地方组织的官方网站均设有招聘就业板块。这些网站提供的招聘信息对残疾大学生来说更具有针对性，更符合他们的需求。残疾大学毕业生可以根据自身的残疾情况、专业背景、学历等条件筛选适合自己的岗位，从而获取更为精准的就业信息。

三、网上求职的准备工作

（一）明确自己的求职目标

在求职前，要明确自己的求职目标，就是要做到知己知彼，要对自己有充分、全面、客观的认识。在明确求职目标之后，还要明确自己求职的区域，也就是以后将要工作的地区。

（二）准备一份个人简历

个人简历在网上求职中具有至关重要的作用，它是用人单位了解求职者的途径之一。求职者一般可以写一份纯文本格式的个人简历。

（三）其他准备

除做好上述两项准备工作外，求职者还应做到以下两点。
（1）准备好纸笔，随时记下自己登录的网站名称，以及自己在该站点的用户名和密码等。
（2）有一个电子邮箱。电子邮箱是必须有的，因为招聘、面试等通知信息都是用电子邮件发送的。

四、网上求职的技巧

现在不少大公司的人事管理部门每天都会收到大量通过电子邮件发来的个人简历。大学毕业生在通过互联网求职时，为了使个人资料得到应有的重视，不致淹没在成批的电子文件中，应注意以下三个方面。

（一）把主要精力放在有人才数据库的招聘网站上

大学毕业生进行网上求职时，主要精力应该放在拥有人才数据库的招聘网站上，把自己的简历放到对方的数据库中，因为用人单位会浏览这些网站，寻找求职者。总的来说，应该让用人单位带着明确的目的来找你，这要胜过自己向大量用人单位无目的地发送个人简历。

（二）有选择地向用人单位发送简历

有选择地向用人单位发送你的简历，并注意以下问题。
（1）在发送简历的时候，应该注明申请的具体职位，了解自己能否胜任这个工作。
（2）不要用附件的形式发送简历，除非你知道用人单位接受某种形式的附件。
（3）用电子邮件发出的简历在格式上应该简洁明了、重点突出，因为用人单位通常只看最感兴趣的部分。
（4）把制作精美的简历放到网上，再把网址告诉给用人单位。
（5）为了便于用人单位了解你申请的是哪个职位，并对你有更多的印象，发送简历的时候，应该写一封求职信并同时发出。网上求职信应该具有以下的特点。

① 有足够的内容推销自己，但要控制长度，不要让别人为了看信和简历把屏幕翻了好几遍。
② 求职信和简历都应该用文本格式来写。
③ 注意措辞和语言，千万不可有错别字。
④ 求职信和简历要一同发送，不要分开。
⑤ 注意信中的关键词，有些单位会通过搜索关键词来寻找符合条件的人选。

（三）不要频繁询问结果

有些求职者在将简历发送给用人单位后，总是不断询问结果，其实这是不受欢迎的，因为许多单位每天都会收到上百份甚至更多的个人简历。一般来讲，每隔2～3周询问一次是比较合适的。

五、网上求职的注意事项

网上求职和网上招聘已成为人才供需"见面"的又一重要方式，上网求职的人越来越多，有成功的，也有失败的。大学毕业生网上求职的注意事项有哪些呢？

（一）不要四处张贴简历

大学毕业生网上求职时，要在专业网站上发布简历，不要四处张贴自己的简历。四处张贴简历看起来似乎是一个聪明的举动，因为这样可以最大限度地引起注意。但是，在某些网站上，任何人都可以随意浏览简历库。大学毕业生向这样的开放网站发送简历，必须充分意识到这样做的危险性。例如，你的简历可能被恶意复制，发往另外的站点，别有用心的人可能盗用你的身份信息。

（二）不要把简历贴在附件里发给招聘单位

把简历贴在附件里发给招聘单位，这样做非常简便，但由于计算机病毒的流行，有的招聘单位不愿意冒着染上病毒的危险打开邮件的附件，只希望在邮件正文或申请表后面直接看到求职者的简历。

（三）耐心加细心，避免操作中的失误

"耐心加细心"是现代人事业成功的秘诀之一，大学毕业生进行网上求职同样适用。有许多网上求职的大学毕业生前期准备工作做得非常好，但在具体操作甚至后期工作时，"耐心度"和"细心度"不够，导致网上求职失败。例如，有的大学毕业生往网上粘贴自己的求职材料时，登录密码怎么也想不起来了，无法修改已发布的求职材料，想重发，又担心前去浏览的招聘单位感到自己"缺乏细心"，最后只好作罢，而失去一次择业机会。

（四）不要在同一家用人单位应聘数个职位

大学毕业生在应聘时一定要小心，因为用人单位负责人最终会同时阅读各个部门的应聘材料，如果你专注于某个职位，给对方的感觉就越认真，如果你什么职位都应聘，对方就可能难以决定。

知识拓展

参加招聘会的注意事项

（1）参加招聘会前，要明确自身条件，对自己有正确的定位，不要眼高手低，也不能太自卑。事先做好简历，把自己的工作经历及求职意向清晰表述出来。在简历中注明自己的联系方式，使用人单位能够及时与你取得联系。

（2）参加招聘会时最好不要带过多的证书原件，建议带复印件。参会人员众多，用人单位没有时间当场验证；同时避免保管不当丢失证件，造成巨大的损失。

（3）充分利用招聘会的会刊。在招聘会入口处领取免费的会刊，上面会刊登参会单位的用人情况和招聘条件。应聘者事先应仔细查看会刊，找出自己适合的职位和感兴趣的用人单位，然后直接去其所在场馆，这样能够节省大量时间和精力，提高效率。

（4）争取留下良好的第一印象。参加招聘会时应着装得体，最好穿正装，保持良好的个人形象。说话时不卑不亢，表示出对招聘人员的尊重。简单明了地把自身情况介绍一下，并表示对应聘工作的兴趣。不要太刻意提到薪酬，因为这只是初次面试，如果用人单位满意，那么还会与你联系。

（5）参加招聘会时不要被用人单位列出的条件吓倒，要充满自信，勇于争取，不怕失败，敢于表达出自己的条件和愿望。此外，还应该表示你在未来的工作中会积极学习并能迅速适应工作。

（6）参加招聘会后两三天内及时与感兴趣的用人单位进行联系，不能被动等待。如果感觉很满意，就应该及时记下用人单位的联系方式及负责人电话。这是因为用人单位会收到很多简历，可能将你忽略。你应该及时通过电话联系，询问什么时间再次面试，一方面表示你对用人单位的尊重，另一方面表达出你迫切加入用人单位的愿望，给用人单位留下深刻的印象。

课后作业

1. 扫描二维码9-1，学习"简历制作"的内容。
2. 请进行一次求职面试实践，并写下面试的体会。

简历制作

第四节 求职面试技巧——面面俱到，初试锋芒

案例导入

积极求职却屡次失败

张娟，大学三年级听障学生，中西面点专业。张娟自大学三年级开始以后就积极投递简历，先后收到4家单位的面试通知，就是没有一家通过面试。这对她打击不小。最近，她参加了一家知名酒店的群体面试，自认为面试表现不算突出，但自己具有多家食品企业的实习

经历，掌握多种中式面点制作技能，成功概率应该比较大。但是，结果再次让她失望，她不知道问题出在哪里，开始怀疑自己的能力。

面试是通过当面交谈问答，对求职者进行考核的一种方式，是用人单位选拔人才的常用方式之一。通过面试，用人单位能够更多地了解求职者的情况，既考查求职者的业务水平和业务能力，又考查求职者的身体特征、仪态、气质、口才和应变能力。对求职者来说，面试也是一个充分展示自己知识、能力、性格和才华的机会。对大多数应届大学毕业生来说，笔试往往能够应付，但由于缺乏社会经验和求职经历，对于面试常常不知所措。大学毕业生要充分做好面试准备，掌握一定的面试技巧。

一、面试的基本类型

常见的面试类型大体分为以下五种。

（一）情景式面试

情景式面试是根据工作岗位的一些情节设计问题，让求职者面对考官，有针对性地发表个人看法。情景式面试通常分为以下三种类型。

1. 主题式面试

为了缓解求职者的紧张情绪，面试刚开始时，主考官一般会引出与面试内容关系不大的话题，与求职者海阔天空地交谈，让求职者自由发表看法，尽量使求职者放松。求职者的情绪调节到正常状况之后，就进入与招聘内容相关的主题面试环节。

2. 模式化面试

模式化面试由主考官根据预先准备好的题目，逐一发问，其目的是获得求职者全面、真实的材料，观察求职者的知识水平、仪表、谈吐、举止等。

3. 问题式面试

问题式面试是由主考官向求职者提出一个问题或一项计划，要求求职者予以解决或完成，其目的是观察求职者在特殊情况中的表现，以判断其解决问题的能力。

（二）能力式面试

在能力式面试中，主考官通过多种方式综合考查求职者多方面的才能。例如，让求职者抄写一段文字，以考查其书法功底；让求职者分析文章，现场观察求职者的分析、归纳、综合演讲能力。

（三）压力式面试

在压力式面试中，主考官有意识地对求职者施加压力，针对某一问题连续发问，不仅详细，而且刨根问底，直至求职者无法回答。主考官甚至会有意识地刺激求职者，看其在突如其来的压力下能否做出恰当的反应，以观察其机智程度和应变能力。

（四）问卷式面试

用人单位为了掌握求职者的全面素质，包括个人兴趣爱好、处世能力、合作精神、战胜困难的勇气等，往往采用书面测试问卷，让求职者在规定时间内，在毫无戒备的状态下完成问卷答题工作。

（五）实际问题面试

有些用人单位会邀请求职者进行实地考察。在实地考察期间，主考官频繁地与求职者双向交流，考查其内在素质和综合能力。有些企业将企业发展蓝图展现在求职者面前，考查其对新事物的接受能力。还有些企业将工作中的疑难问题提出来，请求职者出谋划策。总而言之，通过实际问题面试，用人单位和求职者对彼此的情况都可以了解得更详细，如果双方对对方都有好感，就增加了面试成功的可能性。

在实际面试过程中，主考官可能采取其中一种类型进行面试，也可能同时采取几种类型进行面试。其唯一目的是更全面地了解求职者，从而吸收最优秀的人才。

二、面试的技巧

（一）面试的准备工作

求职者要在面试中立于不败之地，就要充分做好面试准备工作，一般要做好以下三个方面的准备工作。

1. 面试的信息准备

在面试前，求职者要尽可能搜集有关招聘单位的详细资料，做到心中有数；应详细了解招聘单位的性质、规模、产品、发展前景，以及应聘岗位的职责、待遇、违约金等问题，获得的信息应真实。如果招聘单位确实是你想去的工作单位，那么有必要去实地考察，进一步增加自己的感性认识。实地考察主要了解一下该单位所处的地理环境、员工的工作环境，以及企业文化，为参加面试打下扎实的基础。

2. 面试的材料准备

求职者应该准备好必要的随身携带的材料，如个人简历、求职信、获奖证书、荣誉证书的原件和复印件，发表的论文、著作，专业技术资格证书，专家教授推荐信，单位证明或推荐信，以及纸、笔等，反复阅读自己的个人简历，使之烂熟于心。这样在面试时就能对主考官侃侃而谈，非常自信地推荐自己。同时，求职者最好对面试中的问题有所准备，包括两个方面：一是考官在面试中可能问到的问题，二是自己在面试中要提出的问题。不少大学生在面试前怯场、紧张，主要原因就是不知道考官在面试中会提什么问题、怎样回答。因此，要在面试中轻松回答，求职者就必须在面试前做好材料准备。求职者要回避敏感性的提问，如工资、福利等个人要求，不要问特别简单或复杂的问题，因为简单的问题会显示你无知，复杂的问题又有为难考官之嫌。

3. 面试的心理准备

面试前的心理准备，是消除不必要的紧张与恐惧的关键。求职者要客观认识自己，正确分析自我，保持积极、主动的择业心态，敢于竞争，敢于自荐，增强心理承受能力。求职者不要人为装出过于轻松的样子，而是要适度紧张，因为适度紧张能反映出一个人的正常状态。面试前一晚，尽量放松，听一些轻松的音乐，保证充足的睡眠和休息，翻阅一些轻松有趣的杂志，以转移注意力，稳定情绪，从而以饱满的精神状态面对考官。

（二）自我介绍的技巧

自我介绍是在求职面试中常见的一个环节。自我介绍做不好，意味着求职者对自身定位不清，同时反映出其缺乏自我总结、自我反省、自我规划。从这个意义上说，自我介绍不仅是介绍自己，还是一次认识自己、提升自我的机会。下面是四种自我介绍的思路。

1. 第一种思路

（1）家庭背景，即出生于什么样的家庭，父母对自己的影响和教育如何，自己从父母身上学到了什么，如刻苦耐劳、厚道朴实等基本的做人准则。如果家庭困难，就可以突出自己坚韧不拔、不畏艰苦、迎难而上的气概；如果家庭比较富裕，就可以突出父母从小就开始注重对自己的教育，自己多才多艺、知识面宽广。

（2）学习经历，包括两个方面：一方面是专业知识的学习，如获得奖学金、在技能比赛中的名次。另一方面是参加的课外活动，如学生会、篮球队、社团等学生组织，可以证明自己各方面的能力在组织校园活动中得到很大的提高。

（3）社会实践或工作经历。通过参加社会实践，将理论与实践相结合，不断强化自己的专业知识，与人沟通协调的能力等得到很大的提高，看问题可以从实际出发。

（4）生活经历，包括从挫折、失败等事件中学到的经验和教训。

（5）总结。总结自己有什么样的优点与缺点，优点继续发扬，缺点不断克服。

2. 第二种思路

（1）生活中的我。自己如何与家人、朋友、同学相处，以及自己的兴趣和爱好。

（2）学习中的我。自己的求学经历和知识背景，以及取得的成绩。

（3）工作中的我。自己的实习背景或者参加社会实践的经历。

（4）理想中的我。自己的理想、职业规划和人生准则等。

3. 第三种思路

（1）基本素质，包括以下两个方面。

① 精神方面。用人单位选拔人才一般要求德才兼备，这就要求求职者在本质上是一个好人。在做自我介绍的时候，可以介绍这些品质，如助人为乐、善良正直、勤劳勇敢等。

② 身体方面。有一个好的身体是做好工作的关键，在介绍自己的时候可以强调自己身体素质很好，有良好的生活习惯。在经常需要加班的工作单位，工作人员要有较好的身体素质才行。

（2）专业知识。在知识经济时代，一个人只有具有宽广的知识面，才能适应现代社会的要求。掌握专业知识，有扎实专业功底的人会给人一种踏实、可靠的感觉。求职者介绍专业知识可以从在学习和工作中取得的成绩着手,如参加过什么比赛、获得过什么荣誉。除了专业,求职者还可以介绍自己对哪些方面的知识感兴趣。

(3) 个人能力。能力和知识不是一回事,有知识的人能力不一定强。知识是理论,能力是实践,知识是潜在的,能力是实现了的。在介绍个人能力的时候,要结合自己的生活经历和工作背景进行介绍。有工作经验的人应对此重点介绍。

(4) 兴趣特长。现代人不仅应该具备知识和能力,还应该是全面发展、有生活情趣的人,全面发展和生活情趣就体现在兴趣特长上。这属于对个人闪光点的介绍,建议少而精。求职者没有特长,可以不说,也可以说得比较概括或谦虚一点。例如,我不觉得自己有什么特长,但在××方面做得比较好。

(5) 缺点与不足。金无足赤,人无完人,一个人有缺点是正常的。求职者在说自己缺点的时候一定要真诚,要对缺点进行深刻的反思和批判。在讲缺点的时候不要意图去哄骗考官,不要拿优点当缺点讲,这样会显得自己过于圆滑。

(6) 总结。总结比较自由,可以表明自己对生活的态度,可以讲对未来的展望,也可以将自己的座右铭作为结尾。

并不是所有的求职者都要介绍这六个部分,求职者要根据考官出题的形式,再结合自己的经历,找出自己的闪光点。每个人多多少少都有自己突出的优点,把自己身上的优点挖掘出来就可以了。

4. 第四种思路

用几个词语、名言警句简要地介绍自己。这样既精练,又突出重点,避免了太多废话,让考官能够听出重点。

对于自我介绍,具体选择哪一种思路,要看自身比较成熟的优势与条件。表达能力弱的求职者可以选择简单、直观、切入点准的思路。自我介绍要注意条理,思路要清晰,务必把握语句的逻辑关系,可以提前背诵,但表述要自然。听障学生可以提前用书面文字进行表述,还可以录制自我介绍的短视频,这样更加直观。自我介绍要感情真挚,态度诚恳。

(三) 求职者回答问题的技巧

求职者回答问题是面试中最主要的环节。主考官会从各个方面向求职者提问,并根据求职者的回答和表现对其能力、素质、心理特点、求职动机等进行评价。求职者在面试中恰当地运用回答问题的技巧,主动灵活地回答问题,就能在面试中游刃有余,成功通过面试。下面介绍回答问题的一些技巧。

1. 有效倾听

在面试过程中,有效倾听对于考官和求职者都是十分必要的,双方都力图准确把握对方的真实意图,获取尽可能多的信息。听,并非简单用耳朵就可以,必须同时用心去理解,并积极做出反应。

(1) 耐心。即使对一个自己知之甚多的普通话题,出于对考官的尊重,也不能心不在焉。

(2) 专心。求职者应全神贯注,始终保持饱满的精神状态,专心致志地注视考官,以表明自己对他的话感兴趣。

(3) 细心。细心也就是要具备足够的敏感性,善于从对方的话语中找出对方没有表达出来的意思。

2. 确认提问内容

如果对主考官提出的问题摸不着边际，不知从何答起，或难以理解对方问题的含义，求职者就要保持冷静，可让主考官将问题复述一遍，并先谈一下自己对这一问题的理解，请教对方以确定内容。对于不太明确的问题，求职者一定要搞清楚，这样才会有的放矢。

3. 表达把握重点

求职者在确认提问内容以后，回答问题要结论在先，议论在后，先将自己的中心意思表达清楚，然后进行叙述和论证。这样可以使主考官获得条理清楚、有理有据、简洁明了的感受。面试时间有限，如果求职者长篇大论，多余的话太多，就容易走题，使主考官感到厌烦。

4. 逐一答题，实事求是

主考官介绍情况时，求职者要认真聆听。为了表示自己已经听懂并对主考官所提的问题有兴趣，求职者可以在适当的时候点头或适当询问、答话。一般情况下，求职者不要打断主考官的问话或抢问、抢答，否则会给人留下急躁、鲁莽、不礼貌的印象。问话完毕，求职者听不懂时可要求主考官重复。当不能回答某个问题时，求职者应如实告诉主考官，采取回避闪躲、牵强附会、不懂装懂的做法不可取。求职者坦率承认自己的不足，有时反倒会赢得主考官的信任和好感。

5. 凸显个人特色

主考官要接待许多求职者，相同的问题要问若干遍，类似的回答也听过若干遍。因此，主考官对这一过程会有枯燥、乏味之感。只有具备独特的个人见解的回答，才能引起主考官的兴趣和注意。求职者要凸显自己的特长，一定要结合具体的例子来充实自己，切勿讲套话，自吹自擂，这样才能使主考官加深印象。

6. 适度赞同对方

每个人都希望获得别人的肯定，作为一个单位的负责人，主考官更希望得到别人的肯定，并据以确认自己的重要性。因此，求职者在回答问题时，要适度赞同、赞美主考官，这样往往能获得意想不到的效果。

7. 经常面带微笑

主考官向求职者提出问题时，求职者应该面带微笑，全神贯注，目光跟随主考官的提问做出相应的反应。微笑在人际交往中起着调节剂的作用。善于利用微笑的求职者，往往最能够抓住机遇，使主考官心情愉快，从而取得较好的效果。

（四）求职者手势运用的技巧

在日常生活交往中，人们都自觉或不自觉地运用手势帮助自己表达意愿。举止动作可以表现出一个人的气质、性格乃至思想。在面试中，求职者对手势的运用显得尤为重要。下面介绍在面试中正确运用手势的一些技巧。

1. 表示关注的手势

在与他人交谈时，一定要对对方的谈话表示关注，要表示自己在聚精会神地听。对方在感到自己的话被你关注和理解后，才能愉快地、专心地听你讲话，并对你产生好感，在面试中尤其如此。在面试中，求职者表示关注的手势一般是双手交合，放在膝上，身体前倾。

2. 表示有把握的手势

如果求职者想表现出对所述内容的把握，可以将一只手向前伸，掌心向下，然后从左向右做一个大的环绕动作，就好像用手覆盖所要表达的内容一样。

3. 表示强调的手势

如果求职者想吸引主考官的注意或强调很重要的一点，就可以把食指和大拇指捏在一起，以示强调。

以上介绍的是在面试中常见的手势，要达到预期目的，还应注意因时、因地、因人灵活运用。对于不同残疾类别的大学生，一定要根据自身特点有效地应用这些技巧。

（五）如何获得用人单位的好感

面试的主要目的是获得用人单位的好感。获得用人单位的好感不是一件容易的事情，往往受到招聘者的思想、观点、性格特点及求职者的实力及自荐表现等因素的影响。但是，只要在自荐时把握好以下几点，获得用人单位的好感也是不难做到的。

1. 谦虚谨慎

在向用人单位推荐自己时，切忌过高评价自己、处处炫耀自己、对用人单位评头论足，那样会导致招聘者反感。只有善于尊重别人的人，才会受到别人的尊重。只有对别人有好感的人，才会得到别人的好感。即使自己有过人之处，也应以谦虚的态度向对方展示。即使自己有好的建议，也应以委婉的言辞提出。主持招聘的人不是单位领导，就是专业骨干或人事干部，他们多年从事本职工作，对有关专业一般来说比较了解。初出茅庐的求职者倘若在对方面前班门弄斧，显然不会获得对方的好感。

2. 自信大方

极端的羞涩、懦弱，过于自卑的做法并不可取，谦虚并不等于虚伪。用人单位不会录用一个信心不足的求职者。具体来说，洪亮的声音、洒脱的字体、从容的举止都能表现出求职者的自信心。

3. 文明礼貌

礼仪是道德的一种外在表现形式，在人际关系中具有不可忽视的作用。以礼待人是获得他人好感的基本原则之一，而礼貌的言谈举止是其基本的表现形式。求职者在自荐的过程中，应当注意礼貌地称呼对方，或按照社会习惯称对方职务，或沿用学校的习惯称对方老师。交谈结束时，应该使用辞行时的礼貌用语。

4. 认真细致

无论什么用人单位，都喜欢办事认真细致的职员。自荐材料书写工整，无涂改痕迹，用词恰当，无错别字，标点符号准确无误，都会给人留下办事认真细致的印象。

5. 积极主动

自荐是求职者的主动行为，消极等待是不可取的。求职信、个人简历等自荐材料的呈交、寄送要及时进行。在了解到需求信息时，不能迟疑，否则可能坐失良机。为使用人单位更全面地了解自己，求职者事先应该做好各种自荐材料的准备，不要等对方索要，应该主动呈交；不要等对方提问，应该主动向对方介绍；不消极等待回音，应该主动询问。但是，求职者不可操之过急，欲速则不达，应该给人一种"态度积极、求职心切、胸有成竹"的感觉。

6. 重点突出

求职者在介绍自己时，要突出自己的能力和知识水平，对本人的基本情况和家庭情况简单介绍即可。对于自己的专长、经验、能力、兴趣等，求职者可以详细介绍。为了取得对方的信任，有时还要举例说明，如大学期间发表过的论文、获得的奖励、承担的社会工作等。求职者要突出自己的优势和闪光点，平铺直叙，过分谦虚，有碍用人单位对自己的全面了解和正确评价，易将自己埋没在求职大军之中。

7. 有的放矢

有的放矢即针对用人单位的具体要求，强调自己的专长，这样才能使招聘者相信你就是最理想的求职者。例如，用人单位招聘文秘人员，你要多介绍自己的文学、历史、哲学知识及写作才能；用人单位招聘科研人员，你要多展示自己的学业成绩和科研成果；用人单位招聘管理人员，你的学生干部经验及组织管理才能可能更受重视。在强调针对性的同时，不能抹杀相关知识和才能的作用。专业特长加上广泛的知识面和兴趣爱好，往往使求职者更受用人单位青睐。

总之，面试时既要积极主动，重点突出，又要有的放矢，真实全面。对于以上各点，求职者需要在面试中综合运用，这样才能有助于实现自己的就业志愿。

（六）面试时的注意事项

注意面试细节可以大大提高成功的概率，以下几点注意事项可供参考。

1. 提前熟悉面试环境

在面试前，如果条件允许，求职者不妨去寻找一下面试地点，熟悉一下周围的环境。这样做，不至于在面试当天因寻找面试地点而心烦意乱，导致情绪紧张。而且，可以找机会与面试单位的员工聊天，加深对面试单位的印象，使面试的准备工作做得更加充分。

2. 提前到达面试地点

一般来说，求职者应该提前 10~15 分钟到达面试地点。这样既可以调整自己紧张的心情，又可以做一些简单的准备，以免仓促上阵，手忙脚乱。在等待面试期间，如果判断属于考官类的人员从你旁边走过，就要主动上前打招呼。在面试开始前，求职者能够主动与考官交流几句，可以给考官留下较深的印象。

3. 掌握面试要领

（1）争取好的开局。

开局是很重要的，求职者应该面带微笑。求职者给主考官的第一印象很可能决定主考官此后对他的总体印象。面试刚开始的几分钟最关键，求职者必须盯住主考官的眼睛，等待对方提问，同时显得兴致勃勃，满怀信心。

（2）注意协调好关系。

在招聘小组集体面试时，求职者应该注意协调好关系。在回答主考官问题的时候，求职者可以用眼睛的余光观察其他考官的反应，以示对其他人的尊重。如果有两名考官同时提问，则应逐一回答，并在回答前向一方说明："对不起，请让我先回答第一个问题，可以吗？"

（3）面试的收尾阶段。

主考官开始整理纸张或不再提问，或者提出"你还有什么要问的吗？"，意味着面试已经结束。此时，求职者千万不要赖着不走，拖延时间。求职者在得到主考官允许后，微笑起立，然后将座位还原。

（七）面试后的注意事项

求职者礼貌地与考官告辞，走出考场以后，从某种程度上说面试还没有完全结束。此时，考官还未最后做录用决策，没有发出试用通知书，面试结果还没有存档，所以求职者此后几天的行为仍然可能影响面试的结果。接下来，求职者可以做以下一些工作。

1. 发电子邮件或写信

在面试后的一两天内，求职者可以写一封查询函（道谢函）给主考官，感谢他给予自己参加面试的机会，简要陈述一下自己的任职资格和强烈的求职意愿，以及自己在面试中的感受和收获。这封信的内容可能直接影响考官的录用决策，因此一定要认真对待，精心构思。当考官在几个应试者中间难以取舍时，一封情真意切、文辞优美的道谢函也许会起到意想不到的作用。

2. 电话询问

面试后，求职者应该回顾一下面试的整个过程，总结得失。求职者可以在面试后三五天给主考官打电话，主动询问录用工作的进展情况。这个电话可以表示出求职者的兴趣和热情，表达出强烈的求职愿望。打电话应遵守电话礼节，应注意一定的语言表达原则和技巧。求职者如果在电话中觉察自己有希望中选，但主考官尚未最后确定，可以过一两个星期再打电话。

3. 积极等待反馈信息

由于竞争激烈，面试的结果有很大的不确定性，每个求职者都应有充分的思想准备。有时候，并不是求职者感觉自己非常称职，在面试中表现非常出色就一定能够被录用。求职者既要充满信心和希望，积极等待面试结果，又要做好多方面的准备。多数用人单位只会将录用通知书发送给录用者，而忽视对未被录用者的辞谢。对此，求职者应有心理准备。

4. 自我回顾与总结

面试后，求职者应该对这次面试的情况做出自我回顾与总结，若自我感觉良好，结果还是落选，也不要大惊小怪。面试时，大多数主考官都会尽量隐藏自己的真实意图，不会轻易让求职者看出来。万一对方通知自己落选了，求职者应该虚心向对方请教自己有哪些欠缺，以便今后改进。通常来说，求职者需要经历多次面试才能得到一份理想的工作，因此不要把成功的希望寄托在一次面试上。

课后作业

请思考并回答以下问题。
在面试中需要注意哪些细节？

第五节 面试礼仪

案例导入

他们为何求职失败

2022年4月底，某知名工艺美术企业根据残疾人用工比例政策要求，专门设立岗位招聘残疾人，有11名听障大学毕业生去面试。经过两轮面试，最终只录取了3人。面试时，那些正在等待面试的听障学生当着许多人的面，站没站相，坐没坐相，部分人手舞足蹈，噼里啪啦打手语，高兴之时还哇哇叫几声，对他人的影响和他人对自己的印象毫不顾及，丝毫没有纪律性。因为这些残疾大学毕业生太自我，忽视了自身的修养，所以有5人第一次面试就被刷下了。由此可见，礼仪是求职成功的垫脚石。如果忽视礼仪，它就会成为求职路上的绊脚石。在求职应聘时，礼仪与修养应该放在首位。

礼仪是"个人修养和综合素质"的外在表现，而"个人修养和综合素质"是个人较长时间的学习和修炼的结果。礼仪无所不在，在你的简历和求职信的每一个字中，在你通电话的每一个用词和语气中，在你面试的着装中，在你面试时的每一个肢体语言中。下面我们将学习求职礼仪方面的知识，使我们能从容自如地在考官面前展示我们的优点和长处。

求职者的形象给考官留下印象的好坏，关系到其能否顺利踏入社会，找到一份满意的工作。残疾大学生虽然生理或形象方面存在不足，但得体的礼仪可以提升个体的整体形象。但是，并非所有的"包装"都能奏效，有时会适得其反。那么，在面试的礼仪和形象设计上应该注意哪些问题呢？

一、面试前的礼仪

面试时，求职者的气质、形象、语言、谈吐、眼神、动作等也是考官了解求职者的重要凭证。因此，面试礼仪在面试中相当重要，求职者要注意面试前、面试中和面试后的基本礼仪。

（一）着装服饰

面试时，合乎自身形象的着装会给人留下干净利落、有专业精神的印象。男生面试时着装应显得干练大方，女生面试时着装应显得庄重俏丽。

1. 男生面试时的着装

男生面试时的着装以西装为首选。推荐男生穿西装面试的原因有三点：一是显示出对面试的重视，二是西装直线形的设计可以让男生显示出笔挺的身姿，三是颜色搭配简单。

（1）颜色的选择。

男生最好穿深色的西装，灰色、暗绿色和深蓝色都是不错的选择，它们给人以稳重、可靠、朴实、干练的印象。

（2）衬衫的选择。

如果说最保守的西装颜色是深色，那么最保守的衬衫颜色是白色。白色衬衫易脏，应该多买几件，经常换洗。衬衫领子不要太大，领口、袖口不要太宽，以刚好可以扣上并略有空隙为宜。衬衫一定要选长袖的，衬衫袖子应比西装袖子长出1厘米左右。

（3）领带的选择。

领带应以深色为主，忌刺目的颜色。一般领带尖要盖住皮带扣。不要使用领带夹，因为使用领带夹只是欧洲少数国家的习惯，不是国际通例。

（4）皮鞋要擦亮。

鞋面要保持光亮，鞋跟要结实。破旧的鞋跟会使人显得疲软而萎靡。对于系带皮鞋，一定要检查鞋带是否干净，而且系紧。另外，切勿把黑鞋与棕色西装搭配，这样会十分不协调。

（5）袜子要够长。

如果选择的是鞋面较低的无带鞋，那么这一点尤其重要。无论如何，袜子的颜色都应当和西装相配。通常应穿深蓝色、黑色、深灰色或深棕色袜子，不要穿颜色鲜亮或花格袜子。袜子要够长，叠起双腿时不至于露出有毛的皮肤，否则十分不雅观。袜子要有足够的弹性，不至于从腿上滑下或缩成一团。

（6）头发要干净、自然。

男生去面试时，要保持头发整洁，精心梳理，不要给人油光发亮、湿淋淋的感觉，发型简单、朴素、稳重大方，不要留鬓角。最好不要留中分发型，头发也不能压着衬衣领子。胡须最好刮干净，不要留八字胡、络腮胡。

案例链接

因穿错袜子没有被聘用

大学毕业时，小王在某市的晚报上看到一则招聘广告，明确说明要招聘2名市场调研主管。小王觉得自己能够胜任这个职位，他在大学时还曾经主持过一些市场调研项目。

次日，小王衣着得体地来到应聘地点，笔试通过后，他被告知下周三到总经理办公室面试。

面试那天上午9点，小王准时来到那家公司。总经理认真看完小王递上去的个人简历后，与他交谈了约半小时。小王对答如流，总经理看上去对他非常满意。小王也觉得这次应聘已经是十拿九稳了。

不料，两人在分别的时候，表情一直十分放松的总经理却一脸严肃地说："我看了你的笔试成绩和个人简历后，感到你的专业理论知识相当扎实，也有一定的工作经验。但是，我很遗憾地告诉你，你不能胜任这个工作。"

听了这话，小王几乎忘了自己的求职者身份，马上激动地站起来说："先生，我想知道为什么？"

总经理哈哈笑了起来，站起来走到小王跟前和蔼地说："我不说别的，你瞧自己脚下穿的那双袜子，一只是黄的，另一只是红的，这样粗心适合从事需要精确的调研工作吗？"

小王低头一看，袜子果真混穿了，自己平时懒散的作风被"一览无余"，脸霎时涨得通红。

2. 女生面试时的着装

（1）剪裁合适、简单大方的套装，比两件式上下身搭配更能体现庄重感与专业性。女生下身应以裙装为主，如穿长裤，应选择质料柔软、剪裁合宜的西装裤。避免无袖、露背、迷你裙等性感装束。这类装束会给人一种轻佻、浮躁的感觉。裙子应该至少盖住大腿的三分之二。

（2）服装颜色以中性为主，避免夸张、刺眼的颜色。服装颜色应该以自己的肤色属性为前提（也就是选适合皮肤色调的色彩），能够传达出精力充沛、容光焕发、神采奕奕的清新形象。

（3）面试时穿鞋的总原则是与整体服饰协调。中跟皮鞋在面试中较为适宜，能体现职业女性的气质。不要穿露出脚趾的凉鞋。

（4）袜子不能脱丝。时装设计师认为，肉色作为商界着装是最适合的。为保险起见，应在包里放一双袜子备用，在脱丝后能及时更换。另外，不论自己的腿有多漂亮，都不应该在面试时露着腿。

（二）仪容仪表

1. 发型

发型是最容易给人留下深刻印象的。头发应该干净自然，没有头屑，无汗味。这是一个小细节，能够反映出求职者是否注意细节，是否有良好的生活习惯。有些大学生经常忽视这一点。

（1）男生发型。

男生发型相对比较单一，只要能够体现朝气蓬勃的精神面貌即可。在面试前三天不要理发。头发如果需要定型，一定要梳理整齐，不要装扮得像奶油小生，让人感觉不可靠。

（2）女生发型。

女生可以根据自己的脸型决定发型。椭圆形脸是东方女性标准脸型，可以任意选择发型。长脸的人可以适当让头发遮住前额。圆脸的人可以将头发梳高。方脸的人可以让头发遮住脸部棱角。额头窄的人可以增加额头两侧的头发。下巴长的人可以留些鬓发。

不论男女，头发最好不要染色。女生染色最好是染深色，男生不要染黑色以外的其他颜色。发型不要标新立异，不要有太多饰物。

2. 化妆

（1）男生化妆。

男生不需要化妆，将胡须剃干净，将脸洗干净。有抽烟习惯的男生要适当清除身上的烟味，修剪鼻毛，防止口臭。可以适当喷洒一些男士香水。指甲不能太长，要干净。

（2）女生化妆。

考虑不同的季节，女生根据自身性格、气质、场合、职业特点适度化淡妆，显得端庄秀丽，自然得体。

3. 饰物

（1）男生饰物。

男生不要佩戴饰物，手上的戒指、胸前的玉坠等在面试前最好取下，不要佩戴闪亮的袖扣、造型夸张的眼镜等引人注目的配件。男生可以随身带笔记本电脑或公文包。

（2）女生饰物。

女生可以佩戴一两件秀气、高雅的首饰，不要佩戴贵重珠宝。有些特殊岗位最好不要戴首饰，如制作食品的岗位。手提包要和服装颜色协调，包上不要有叮当作响的物件。

求职者来到面试现场后，可以在正式面试前最后检查一遍自己的仪表，力争不出差错。

（三）时间观念

守时是对职业道德的基本要求，提前 10~15 分钟到达面试地点最为适宜。在面试时迟到或者匆匆忙忙进入面试现场会被认为缺乏自我管理和约束能力，这是致命的。如果距离面试地点较远，宁可早一点出门，也不要迟到。如果到得太早，就可以在附近的咖啡厅等候，最好不要立刻进入面试现场，那样也许会影响招聘单位的面试准备工作。

二、面试中的礼仪

求职者的举止是一个重要的面试测试要素。这种测试从求职者叩门时就开始了。

（一）进门

求职者进入面试室之前，应轻叩房门两三下，在得到考官应允后再进入（若有工作人员导引则不必如此）。开门和关门的动作要轻。如果叩门后没人应答，等一两分钟后再叩，千万不能破门而入。

进门后，求职者可以自然地扫视一下整个房间，确定面试考场的基本布局（包括自己的座椅位置），然后面带微笑，用目光逐一向各位考官致意，充分表现自己的修养、稳重、信心和力量。注意，保持自然的、热情的微笑是很重要的，这不仅说明自己是放松的，而且是和考官进行积极的情感交流。

（二）步入考场

接下来，求职者要迈着稳健的步子走向考官。求职者要想显得朝气蓬勃、矫健有力，就应该以大腿为主动力点，用双胯向上提的力量带动双腿，抬头挺胸，重心落在脚尖，两臂自然摆动。目光保持与主考官的视线接触，不要看天花板或盯着自己的脚尖，步伐可以比平时快四分之一。

不要小看这些关于步态的建议。一个垂肩、驼背的求职者，会给人留下悲观消极的印象；而缓慢的步伐表明求职者对自己、面试及考官的消极和不愉快的态度。聪明的求职者会用略快的步伐向考官声明："我要去做非常重要的事情——面试，而且我的面试会获得成功。"除此之外，这样的步态会增强求职者的信心。走路时比较忌讳的是摇头晃脑、东张西望、左右摇摆。

面试考场一般放置有求职者坐的椅子，求职者可以径直走到椅子前站立。

（三）与考官打招呼

求职者进入面试场地，在站定后，要主动向考官打招呼，称呼应礼貌得体。身体要正对考官，挺胸抬头，目光平视，面带微笑，表现出充分的自信和对面试的积极关注。当主考官介绍其他考官时，如果对方主动伸出手，你要毫不迟疑地走上前去，坚定而温和地与对方握手。如果考官不主动握手，求职者最好不要伸手向前、主动和对方握手，否则可能因考官没有思想准备而造成尴尬，一定要避免这种情况。

一般来说，工作人员将求职者引入考场后，会主动将求职者介绍给考官。如果对方没有介绍，求职者不要故作聪明，瞅着考官的胸卡径直称呼，也不要泛泛地说"女士们、先生们，您好"，更不能随意猜测对方的身份而乱称呼，这些做法将会让自己很被动。如果主考官没有请求职者坐下，求职者切勿急于落座。当主考官请求职者坐下时，求职者应道声"谢谢"，在坐下后应保持良好的坐姿，开始耐心聆听主考官提出的问题。

（四）握手技巧

在面试中，握手可以发生在考官与求职者互相认识时，表达考官对考生的问候，以及考生对考官的感谢。握手也可以发生在面试结束时，求职者向考官致谢与道别，以及考官对求职者表示祝贺。

1. 正确的握手方法

求职者走上前去，距离考官约一步远，上身稍向前倾，两脚立正，伸出右手，右臂与身体略呈五六十度。手掌心略微向上，四指并拢，拇指张开，与考官的手合在一起，大拇指再夹住对方的手背，形成握手姿势。求职者握手时最好再加上左手，握对方的右手手背，两手呈紧握之状并上下轻摇（别左右晃动）。不过，这种握手方式不要对女士使用，尤其是年轻的女考官。握手的力量要适当，时间以三秒为宜。握手时应该面带微笑，双目注视对方，上身略微前倾，头部略低，以示恭敬。

握手是整个面试过程中求职者和考官唯一的身体接触的机会，也是求职者与考官空间距离最近的机会，如果利用得好，就会产生意想不到的作用。

2. 握手时的注意事项

握手就是握手，不是关节拉关节；湿漉漉的手会让考官感到尴尬；只要真诚握手，每双手都会完美地表现自己。

握完手后，求职者要马上回到原来的位置，不要等到考官发话，再照着去做。考官请求职者坐下，求职者不要扭扭捏捏，再三推辞；说声"谢谢"，坐下就可以了。如果考官没有发话，求职者切勿自行坐下，可以礼貌地征求考官的同意后再坐下。

礼貌地与对方握手如图9-3所示。

图9-3　礼貌地与对方握手

（五）坐姿技巧

（1）入座时动作要轻盈和缓（离座时也一样），从容不迫。不要像挤公共汽车抢座位那样慌张，也不要双腿一软，径直跌坐在位子上。

（2）要小心坐好，保持得体的坐姿。坐姿不仅要显示出体态美，而且要与自己的表情、语言协调，也要与面试情景相符。求职者入座之后，面试就正式开始了，考官这时将全神贯注地注意求职者的一举一动、一言一行。

（3）落座后，不要坐得太满，尤其是软椅或沙发，可以坐在椅面一半到三分之二处。两脚平稳着地，平行放好。男生的两膝之间可以空出一个拳头左右的位置，女生的两膝应并拢，一起摆向一边或小腿交叉，但不要向前伸直。上身坐直，脊椎下部抵住椅背，上身略向前倾。求职者端正、大方、自然的坐姿既显得精神十足，又表现了对考官的尊重。

（4）要避免小动作。求职者如果不停地晃腿、跺脚、搓手，或者伸懒腰、打哈欠，不是表明疲倦，就是表明不耐烦了，这是对考官极大的不尊重，会让考官反感。

面试时正确的坐姿如图9-4所示。

图9-4　面试时正确的坐姿

（六）其他方面

（1）求职者不要随便乱动面试场所的东西，不要因谈论个人经历而独占谈话时间。求职者随身携带的物品不要放在主考官的办公桌上。求职者可将公文包、大型皮包放置于座位下右脚的旁边，将小皮包放在椅侧，不可挂在椅背上。

（2）对方所提的问题不礼貌，应该婉转、温和地拒绝。求职者应加强自我保护意识和法律意识。

（3）面试结束时，不管结果是否尽如人意，求职者应该始终保持微笑，最后将房门轻轻关上，以减轻关门声对他人的干扰。

在整个面试过程中，求职者不要紧张，表述要简洁、清晰、自信、幽默，同时注意观察主考官的表情变化，尽快掌握主考官感兴趣的方面，再根据事先的准备着重表达。

在与主考官的意见不一致时，求职者不要据理力争，为得到"嘴巴上的快活"而满盘皆输。即使不同意对方的看法，求职者也不能直接反驳，可以用"是的，您说得也有道理，在这一点上您是经验丰富的，不过我也遇到过一件事……"这样的开头方式进行交流。在下结论时，不要主动说自己与主考官的观点完全相反，要引导主考官自己得出结论，这样既避免与主考官直接发生冲突，又巧妙地表明了自己的观点。特别是在回答情景面试问题时，求职者稍不注意，就容易处理失当，因过度自信而忽略了对场面的控制。

面试结束时，不论结果是否如愿，求职者都要注意礼貌相待，用平常心对待用人单位。用人单位通常经过两三轮面试才能确定最后的候选人，还要再做最后的综合评估，求职者的竞争是相当激烈的。

如果得到模棱两可的答复，求职者就应该对用人单位的人事主管抽出宝贵时间与自己见面表示感谢，并且表示期待更进一步面谈的机会。这样既保持了与相关单位主管的良好关系，又表现出自己杰出的人际关系处理能力。当用人单位最后考虑人选时，这样可以增加自己的分数。

求职者离开面试场所时，应该把刚才坐的椅子放到自己刚进门时的位置，再次致谢后出门。经过前台时，求职者要主动与前台工作人员点头致意，或说"谢谢你，再见"之类的话。

面试之后，求职者回到家里，应该仔细记录整个面试经过以及每个面试问题，将每个细节记载在面试记录手册里。面试成功与否并不是最重要的，最重要的是从面试中分析各种因素，得到面试经验。

知识链接

人力资源经理不喜欢的七类求职者

（1）不修边幅，衣冠不整；或邋里邋遢，不讲卫生。求职者可以不漂亮，但不可以穿着随便、不整洁、不得体。衣着和外表从某些方面可以反映出一个人的生活理念和工作态度。

（2）过于紧张，表现得极不自然。求职者要么说话时眼睛不敢看对方，眼神游离，要么手脚不知道放在哪里。更有甚者，有的人进来后也不与考官打招呼，连"您好""您早"都不说。考官还没伸手，有的人便急匆匆地上去跟人家握手，并十分夸张地寒暄。考官还未发话，他便坐在椅子上。或者，考官叫他坐下，连声"谢谢"也不说。

（3）丢三落四，准备不充分。当考官要查阅应聘资料时，表现得手忙脚乱。

（4）回答问题时口齿不清。声音要么很大，让人觉得吵闹；要么很小，很难让人听清。说话没头没脑，答句不完整，口头语多，说话啰唆，让人觉得欠缺思维能力。

（5）对主考官提的问题不能回答或暂时记不起来时，不是有礼貌地回答"不懂"或"忘了"，而是含糊其词。

（6）经常打断主考官的话，对重复的问题表现出不耐烦。

（7）面试刚开始就提出工资待遇等问题。

课后作业

1. 扫描二维码 9-2，学习"面试的礼仪与禁忌"。
2. 聋人学生请扫描二维码 9-3，学习"聋人面试礼仪"。
3. 与小组同学进行一次模拟面试，思考自身在面试中存在的问题和需要注意的事项。

面试的礼仪与禁忌

聋人职前礼仪

第十章 就业流程

案例导入

签订就业协议后对方违约

小张是某高校毕业生，2019年12月与一家自己比较满意的公司签订了高校毕业生就业协议。协议签订以后，小张就没有再找别的工作，开始撰写毕业论文，做一些其他的毕业和就业准备工作。2020年4月，小张得到签约公司的通知，说由于公司经营策略的变化，原计划招收的20名应届毕业生减少为5名。该公司打算与小张解除就业协议，并提出愿意按照三方协议的约定承担违约责任。小张认为自己和该公司签订了三方协议，失去了其他的就业机会，再找工作时间很仓促。他向就业指导老师咨询，是否可以通过诉讼或其他方式强制该单位履行三方协议。

人事关系不能忽视

大学毕业生小蔡在用人单位工作多年以后，发现自己的人事关系仍无着落，在单位只是临时工。虽然与工作单位签订了劳动合同，但没到人事部门办理有关就业手续，等想办理时，又过了就业派遣期，致使自己的职称、档案工资、保险等不能按时办理，既耽误了个人发展，又给人事管理带来许多麻烦。许多大学毕业生认为，只要有工作，能挣到钱，就不管什么工龄、身份、档案、保险；有的认为现在反正不分配，也不到大学毕业生分配部门去报到，认为有没有人事关系无所谓。等到想办理职称、保险、流动手续等事宜时，他们才发现自己根本没就业，只是一个打工仔，悔之晚矣。

第一节 就业程序

大学生毕业后，就要通过求职谋取工作，真正从"学校人"转为"社会人"。这是情理之中的事。但是，很多大学生感到茫然，对就业流程并不了解。不少大学生在寻找工作的过程中处处碰壁，自信心受到严重的打击。从根本上说，这主要是由于准备不足，不了解就业流程导致的。

一、毕业流程

（一）了解就业政策，熟悉就业规则

大学毕业生就业政策是国家为实现一定历史时期的目标、适应经济建设和社会发展的需要而制定的有关大学毕业生就业的行动准则，根据国家政治经济形势的变化而不断调整。各地区、各部门根据国家当年颁布的有关政策并结合本地区、本部门的实际制定本地区、本部门的一些残疾大学毕业生的就业政策。学校、毕业生和用人单位必须按照这些政策来指导和规范大学毕业生的求职择业活动。因此，残疾大学毕业生在面向社会求职择业时，需要主动向学校及有关部门了解当年国家在大学毕业生就业过程中的具体政策规定。学校及有关部门会在适当时机向广大大学毕业生公布国家及有关地区、部门的就业政策。

（二）了解需求情况，搜集处理求职信息

对就业信息的搜集是大学毕业生在求职应聘前的基本准备工作。根据就业形势，广大应届大学毕业生应做到早动手、早准备、早深入社会、早广泛搜集就业信息，并及时进行分类、整理和筛选后联系需求单位。

（三）做好心理准备

大学毕业生求职是实现人生职业理想的重要环节。对于求职者来说，做好求职的心理准备同做好知识储备、能力储备、综合素质储备一样重要。

（四）做好资料准备

个人资料不仅是求职者个人真实情况的书面体现，也是反映求职者个人能力和素质的直接体现，将影响用人单位的聘用决定。

（五）参加考试，进行双向选择

参加考试，进行双向选择，是指参加各级、各类人才选拔考试，是大学毕业生与用人单位的双向选择。

（六）签订就业协议

通过双向选择，大学毕业生确定用人单位，对方也明确表示同意录用之后，大学毕业生就要本着"认真、详细、协商、诚信"的原则，与用人单位签订就业协议。毕业生就业协议书为教育部统一制订，学校、用人单位、毕业生均需在协议书上签名、盖章。对大学毕业生而言，应特别注重对"协议"的认识，它不仅保护大学毕业生个人的利益，同时也保护用人单位的正当利益。

（七）办理离校手续

大学毕业生可以按学校要求，在规定的时间内到学校就业指导部门办理离校手续。这个过程概括起来包括以下内容。

（1）偿还贷款，缴清学费（个别欠费学生）。

（2）党员组织关系转移（毕业生中的正式党员、预备党员）。
（3）去图书馆清还图书（所有毕业生）。
（4）领取户口迁移证（将户口迁到学校的同学）。
（5）退医疗证、学生证。
（6）缴清所借学校财物、家具等，办理退宿手续。
（7）领取毕业证或学位证。

二、关于人事代理

（一）人事代理概述

人事代理是指政府人事行政部门和人才流动服务机构，依据国家有关人事政策法规，接受用人单位或个人委托，对其人事业务实行集中、规范、统一的社会化管理和系列服务的一种人事管理方式，它突破传统人事管理模式，适应社会主义市场经济条件下人才流动的新形势，满足用人单位和人才多方面的需求。

（1）人事管理与人员使用分离的新型人事管理方式。具体内容包括：人事档案的传递、保管和整理；人事关系的转移和管理；大中专毕业生确认身份、转正定级；调整档案工资、计算工龄、专业技术人员职称申报；出具各类人事证明及计划生育情况证明；党团组织关系挂靠；户口关系管理、聘用合同鉴证等。

（2）以社会保障为主的人事事务代理，如代办养老保险、医疗保险、失业保险、住房公积金等。

（3）以人力资源开发为主的人事工作代理，如人才引进、人才测评、人才培训、人才发展规划、人事管理方案设计等。毕业生人事代理是指政府人事部门所属的人才服务机构，本着充分尊重毕业生自主择业的原则，为各类毕业生解决在择业、就业中遇到的人事方面的有关问题，并提供以档案为基础的社会化人事管理与服务。

（二）哪些大学毕业生应该申请人事代理

（1）凡通过双向选择，已经与外资企业、股份企业、乡镇企业、私营企业、民营企业等非国有单位和实行聘用制的国有企事业单位签订就业协议的大学毕业生。

（2）暂未落实就业单位，目前正在择业的大学毕业生。

（3）准备复习考研或自费出国留学的大学毕业生。

（4）人事政策法规规定符合人事代理条件的其他大学毕业生。

（三）大学毕业生办理人事代理的好处

人才交流服务中心有专业的从业人员，可以为大学毕业生提供专业的人事代理服务，并提供人事政策咨询和建议，帮助大学毕业生完善档案资料。大学毕业生办理人事代理手续后，可以放心到全国各地，乃至全世界去应聘工作，人才服务中心保障毕业生的人事关系合法权益。大学毕业生办理人事代理后，可以享有和国有单位工作人员相同的人事待遇，如办理转正定级、专业技术职务晋升、计算核定工龄、调整档案工资、专业技术职务资格考评、出国（境）政审、党员组织关系挂靠、社会养老保险代理、落户城区、出具以档案材料为依据的证明等。在政府人事部门所属的人才服务中心办理了人事代理的大学毕业生，人才中心帮助其核定工龄，以后调入全民所有制单位或考录国家公务员，工龄连续计算。另外，人才交流服务中心为人事代理大学毕业生提供就业信息平台，免费发布求职信息。

（四）大学毕业生人事代理的服务项目

大学毕业生人事代理的服务项目具体包括：提供人事政策咨询；接转和保管大学毕业生的学生档案；为大学毕业生办理大中专院校毕业生转正定级；为大学毕业生提供工龄计算、档案工资调整等服务；为大学毕业生申报专业技术职务任职资格评审；对大学毕业生进行年度考核；管理大学毕业生的党团组织关系；管理大学毕业生的户籍关系；为大学毕业生出具以档案为依据的证明；提供人事政策法规规定的其他人事代理服务。

（五）大学毕业生申请人事代理的过程

大学毕业生申请人事代理的过程，不同的省份和地区略有不同。一般来说，毕业生申请人事代理，应填写委托人事代理申请表，将填写好的表格交人才交流服务中心申请人事代理，由人才交流服务中心统一办理档案接收手续。大学毕业生持毕业证书、户口迁移证等材料到人才中心报到，并签订人事代理合同书，办理落户手续。

课后作业

1. 扫描二维码 9-5，学习"就业会客厅"的内容。
2. 根据自己的实际情况列出学校毕业流程有哪些？

就业会客厅

第二节　就业协议签订

一、毕业生就业协议书

毕业生就业协议书简称"就业协议"，如图 10-1 所示。就业协议是普通高等学校毕业生和用人单位在正式确立劳动人事关系前，经双向选择，在规定期限内就确立就业关系、明确双方权利和义务而达成的书面协议；是用人单位确认毕业生相关信息真实可靠以及接收毕业生的重要凭据；是高校进行毕业生就业管理、编制就业方案以及毕业生办理就业落户手续等有关事项的重要依据。

（一）签约

对于大学毕业生而言，签约主要指签订就业协议。不少毕业生对签约存在一定的误解，把它理解为和用人单位签订劳动合同。不仅是部分大学毕业生，一些在以往没有接收过应届大学毕业生的用人单位也会把签约和签订劳动合同混为一谈。

就业协议是毕业生与用人单位关于毕业生将来就业意向的初步约定，对于双方的基本条件以及即将签订劳动合同的部分基本内容大体认可，并经用人单位的上级主管部门批准和学校鉴证。因此，就业协议是由毕业生、用人单位和学校三方签订的一种协议，由三方共同签署后生效，对签约的三方都有约束力，任何一方不得擅自解除。

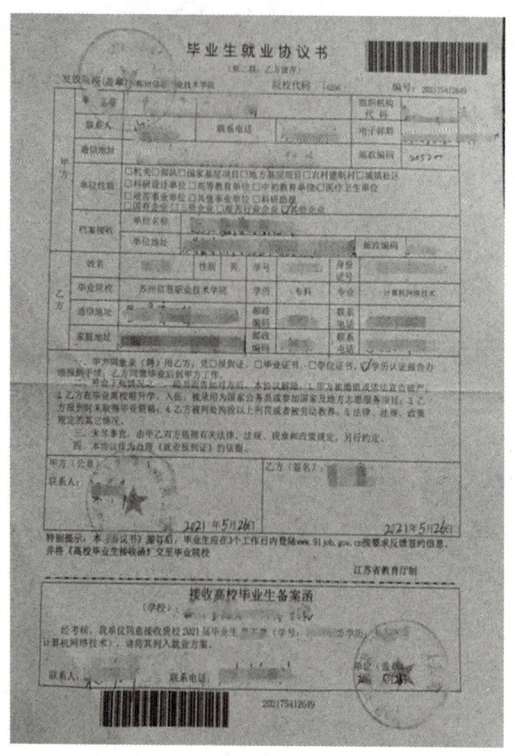

图 10-1　毕业生就业协议书

签订就业协议，是确认签约各方权利和义务的必要程序，又是处理就业纠纷的主要依据，大学毕业生应该正确认识和严肃对待。

（二）就业协议的作用

就业协议的作用一般体现在以下三个方面。

（1）就业协议经大学毕业生、用人单位及其主管部门、学校就业主管部门签署意见并加盖公章后，纳入大学毕业生就业建议方案，所以就业协议是制订就业方案的主要依据。

（2）就业协议确认用人单位愿意接收大学毕业生、大学毕业生愿意去用人单位工作，所以就业协议是确认就业意向和社会需求的依据。

（3）就业协议能够准确反映社会需求以及用人单位的隶属关系、所有制性质、地区流向等信息情况，学校据此进行就业率统计、就业信息分析，为学校制定培养方案、进行教学改革以及专业调整提供依据。

（三）就业协议的主要内容

1. 毕业生基本情况

大学毕业生应在就业协议中向用人单位如实说明自己的情况，包括姓名、性别、身份证号、专业、学制、毕业时间、学历、联系方式等，表明自己的就业意见。

2. 用人单位基本情况

用人单位要如实介绍本单位情况，包括单位名称、组织机构代码、单位性质、联系人及联系方式、档案接收地等。用人单位明确对毕业生的要求及使用意图。

3. 学校意见

学校要如实向用人单位介绍毕业生的情况，做好推荐工作。用人单位同意录用后，经学校审核，报主管部门批准，学校负责办理毕业生就业派遣手续。

4. 履约的要求

各方应严格履行协议，任何一方违反协议，应承担违约责任。

5. 其他补充协议

其他补充协议是大学毕业生最容易忽略的地方。其实，就业协议的条款往往是一些原则性规定，对于大学毕业生和用人单位之间的具体劳动关系是难以完全加以规范的。大学毕业生最好在与用人单位充分沟通的前提下，对就业协议的一些关键性细则在补充协议里加以标注，这样做是对自己和单位负责的表现。

就业协议是大学毕业生与用人单位订立的确立劳动关系的协议，实质上是劳动合同的一种特殊表现形式。大学毕业生求职，最终签署的合约具有法律效力，因此签约一定要慎重。同时，对于就业协议也不可忽视。就业协议一经各方签约，即具有法律效力，必须认真履行，不得随意毁约。此外，大学毕业生与用人单位有一方要变更协议，必须提前一个月征得对方同意，否则按违约处理。就业协议解除必须经过各方协商，达成一致意见，只有这样才可办理就业报到证改签。

（四）就业协议和劳动合同的关系

劳动合同是劳动者与用工单位之间确立劳动关系，明确双方权利和义务的协议。它是劳动者实现劳动权的重要保障，是用人单位合理使用劳动力、巩固劳动纪律、提高劳动生产率的重要手段，是减少和防止发生劳动争议的重要措施。

就业协议和劳动合同都是用人单位录用大学毕业生时订立的书面协议，但两者分别处于两个相互联系的不同阶段。

1. 就业协议与劳动合同的相似之处

（1）签订合同的性质一致。大学毕业生与用人单位签订了就业协议，就要去签约用人单位工作，用人单位就要为其安排相应的岗位。从实质上说，这是确定了一种劳动人事关系，表明这种劳动关系确立的依据就是就业协议。用人单位对于大学毕业生这类劳动者，与面向社会公开招聘的劳动者，在培养、使用、生活待遇方面，可能有所不同，但从确立劳动关系这一点来说，就业协议与劳动合同是一致的。

（2）主体的意思表达一致。任何合同，双方确定的权利、义务关系，都是在协商一致、充分表达主观愿望的情况下订立的，双方对设定的权利、义务都予以完全认可，并在实践中履行。劳动合同如此，就业协议也如此。

（3）法律依据一致。就业协议是确立劳动关系的一种协议，用人单位录用、接收大学毕业生之后，要有关于试用期、最低劳动年限的规定，与劳动合同的要求一致。因此，就业协议应当遵守《劳动法》中有关劳动合同的规定。

2. 就业协议与劳动合同的区别

（1）主体不同。劳动合同是指劳动者与用人单位确立劳动关系、明确双方权利与义务的协议，这些劳动者既可以是大学毕业生，又可以是其他人，而就业协议专指大学毕业生与用人单位签订的工作协议。

（2）内容不同。劳动合同是在明确工作关系后签订的关于双方权利与义务的协议，而就业协议是双方相互选择的关系的确定。

（3）处理纠纷的部门不同。劳动合同纠纷可以根据《劳动合同法》处理，也可以向劳动争议调解委员会或劳动仲裁机构报送。在就业协议履行中发生的纠纷一般是通过学校和就业主管部门进行调解，若调解不成可以诉诸法律，但结果一般都以一方利益受损告终。

（4）就业协议是制订就业计划的重要依据，它体现国家的计划。劳动合同的成立不体现国家对人力资源的计划和宏观管理，只体现国家对各类社会人员就业的统计性。而就业协议的签订必须体现大学毕业生的流向是否符合国家经济建设和发展的需要，合乎政策的将予以批准，不合乎政策的将予以取消。

（5）就业协议适用主体单一。就业协议只适用于全国普通高等学校和高等职业学校的毕业生，劳动合同可以适用于各类人员。凡是中国公民，只要有劳动能力并符合法律规定的条件，只要双方自愿，就可以在协商达成一致意见后签订劳动合同。

大学毕业生选择用人单位，用人单位选择大学毕业生，都是为了实现自己的正当权益。双方互相选择的标志之一，就是互签就业协议。签约之后，双方应互守信用，履行义务。为避免或减少违约现象的发生及造成不必要的损失，签约双方当事人应当在签约前或签约时注意可能发生的问题，力求在此之前避免，从而有效地保护自己的权益。值得注意的是，就业协议不能代替劳动合同。大学毕业生到用人单位报到后，应尽快与用人单位签订劳动合同。

二、就业协议的签订

（一）签订就业协议的基本原则

就业协议订立的原则是指个人、单位和学校三方在订立就业协议时必须遵循的基本准则，包括主体原则和平等协商原则。

1. 主体原则

主体原则是指签订就业协议的当事人必须具备合法的主体资格。对大学毕业生而言，就是必须取得毕业资格。如果大学生在毕业派遣时未取得毕业资格，用人单位可以不接收而无须承担法律责任。对用人单位而言，用人单位必须具有从事各项经营或管理活动的能力，应有录用大学毕业生的计划和录用自主权，否则大学毕业生可以解除协议而无须承担违约责任。对高校而言，高校根据用人单位的要求如实介绍大学毕业生的在校表现，也应如实将掌握的用人单位信息发布给大学毕业生。高校是大学毕业生就业协议的一个重要组成部分。

2. 平等协商原则

平等协商原则是指签订就业协议的三方法律地位是平等的，一方不得将自己的意志强加给另一方。高校不得采用行政手段要求大学毕业生到指定单位就业（不包括有特殊情况的大学毕业生）；用人单位不应在签订就业协议时，要求大学毕业生承担过高数额的违约金，更不能要求大学毕业生缴纳就业保证金。三方当事人的权利、义务应该是一致的。除协议规定的内容外，三方如有其他约定事项，可在协议书"备注"内容中加以补充确定。

（二）签约过程

签订就业协议的基本过程主要包括以下三个步骤，必须按照这些步骤执行。

1. 要约

大学毕业生持学校统一印制的就业推荐表（或复印件）参加各地供需洽谈会（人才市场招聘会），进行双向选择，或向各用人单位寄发上述书面材料，都应视为要约邀请；用人单位收到大学毕业生的材料，对大学毕业生进行考察后，表示同意接收并将其就业推荐表原件的回执寄到高校大学毕业生就业工作部门或交给大学毕业生本人。此过程为要约。

2. 承诺

大学毕业生收到用人单位的回执或通过其他方式得到用人单位答复后，从中做出选择，并到高校大学毕业生就业工作部门领取毕业生就业协议书，与用人单位签订就业协议。此过程为承诺。

3. 签约

（1）大学毕业生在毕业生就业协议书上填写个人情况资料，并签署就业意愿。

（2）用人单位在毕业生就业协议书上填写单位详细情况资料，同时在毕业生就业协议书上注明接收毕业生档案户口的单位名称和详细地址，并在毕业生就业协议书上签名盖章。若用人单位有上级主管部门，则要求其上级主管部门批准盖章。

（3）大学毕业生与用人单位签订就业协议后，应该在1个月内送交大学毕业生所在高校进行审核，签署院系意见并盖章，逾期产生的后果由责任方承担。

（4）高校就业指导中心在毕业生就业协议书上签字、盖章，三方协议到此签订完毕，由学校、用人单位和毕业生本人各执一份。

三、签订就业协议的注意事项

从大学毕业生就业工作的实践来看，大学毕业生在与用人单位签约时，需要注意以下事项。

（1）大学毕业生填写自己的基本情况时，一定要真实、准确，尤其是专业名称、培养方式等信息，一定要与学校教务部门的信息一致，不能简写。

（2）用人单位基本情况务必用正楷字完整书写，确保无漏填项。如果字迹潦草不清无法辨认，就会影响派遣信息的准确性。另外，单位名称应该与单位有效印鉴上的名称一致，档案、户口转递单位及地址要准确。

（3）现行的毕业生就业协议书属于格式合同，但备注部分允许三方另行约定各自的权利、义务。大学毕业生和用人单位协商后，可将签约前达成的休假、住房、保险等福利待遇在备注栏中说明，若发生纠纷，可以据此向法庭举证，维护自己的合法权利。

（4）大学毕业生在签订就业协议时，必须严格按照签约步骤执行。

（5）对于个人存在的一些特殊情况，如学业问题（因某些问题不能获得毕业证或者学位证）、报考研究生或准备出国，大学毕业生应该事先向用人单位讲明，必要时在协议中注明。若大学毕业生向用人单位隐瞒这些情况，则会被用人单位认为是欺诈而拒绝接收。

（6）签订就业协议的双方必须平等自愿协商一致。对大学毕业生而言，必须与用人单位就工作的具体部门和工作岗位、工作和生活条件、工资和保险、试用期和服务年限等在签订协议前协商达成共识。

（7）见习期是国家对大学毕业生分配到用人单位的一种实习、考核制度，通常为一年。对入学前已从事一年以上本专业实际工作的，经所在单位批准，可以免去见习期。大学毕业生在见习期间，不得报考研究生（包括出国或进修）。见习期满后，大学毕业生本人写出总结，经过民主评议，由用人单位做出考核鉴定，填写考核鉴定表，并将鉴定材料载入个人档案。

（8）一些中心城市（如北京、上海）对大学毕业生落户有严格的限制，所以签订就业协议时，大学毕业生应该询问用人单位是否能够解决当地户口及办理落户手续。如果当地政府人事部门同意落户，就会发一份给学校的接收函，学校就业主管部门将以此为依据，编制就业建议方案。用人单位在签约时还应该提供档案管理机构及其详细地址和邮政编码。国家机关、国有企事业单位的档案大部分是由本单位或上级主管部门管理的，非公有制企业一般不负责档案管理，而是委托当地人才交流服务中心等机构代管档案。

知识拓展

大学毕业生到单位报到时应该注意什么

1. 准备好报到所需的有关材料

例如，户籍关系证明、身份证、党团组织关系等必备材料。

2. 按时报到

大学毕业生报到后，用人单位往往要集中一段时间对其进行岗前培训。因此，大学毕业生拿到报到证后，应该在规定期限内与用人单位取得联系，问清有关事项。

3. 在报到时受阻，要冷静处理

大学毕业生只要按期报到，一般不会有什么意外。遇到意外情况，要弄清缘由，然后耐心交涉，切忌急躁。如果是由于用人单位撤销、合并等原因，就应该与其上级主管部门联系，以求妥善解决问题。

4. 树立主人翁意识

大学毕业生刚进用人单位，总有一个从陌生到熟悉的过程。大学毕业生要树立主人翁意识，把用人单位当作自己的家，努力融入集体生活中去。

5. 切忌挑剔工作，不要提过分的要求

对于用人单位安排的工作，大学毕业生不应该挑三拣四，应该积极认真地对待。对于工作条件，大学毕业生也不必过分计较，相信通过自己的努力，一切都会变好。

课后作业

1. 扫描二维码10-1，复习"就业流程"的内容。
2. 签订就业协议有哪些注意事项？

就业流程

参考文献

[1] 郑芝鸿，翁琳. 职业生涯规划与就业创业指导[M]. 成都：电子科技大学出版社，2019.

[2] 亓正申. 大学生职业生涯规划[M]. 北京：中国商务出版社，2019.

[3] 张学堂，田志雄. 大学生就业指导与职业发展[M]. 西安：西北工业大学出版社，2021.

[4] 谭初春，余群，王津秋. 大学生职业发展与就业指导[M]. 沈阳：东北大学出版社，2012.

[5] 邱淑女，陈瑞英. 残疾生就业与创业指导[M]. 北京：中国人民大学出版社，2014.

[6] 张鑫. 大学生就业指导实务[M]. 北京：中国商务出版社，2019.

[7] 张健萍，陆忠华. 残障大学生职业发展与就业指导[M]. 北京：知识产权出版社，2015.